1+X证书制度汽车专业领域配套教材

汽车转向悬挂与制动安全系统技术（初级）

主　编 ◎ 付迎刚　完德加
副主编 ◎ 扎西次仁　嘎玛顿珠　仁增朗杰
参　编 ◎ 次仁卓玛　刁清友　洛　次
小次仁顿珠　旦巴曲扎　南木加
主　审 ◎ 陈　波（吉林机电工程学校）

西南交通大学出版社
·成　都·

图书在版编目（CIP）数据

汽车转向悬挂与制动安全系统技术：初级 / 付迎刚，完德加主编. -- 成都 ：西南交通大学出版社，2023.8
ISBN 978-7-5643-9184-3

Ⅰ. ①汽… Ⅱ. ①付… ②完… Ⅲ. ①汽车－转向装置－安全技术－职业技能－鉴定－教材②汽车－车悬挂装置－安全技术－职业技能－鉴定－教材③汽车－制动装置－安全技术－职业技能－鉴定－教材 Ⅳ. ①U463 ②U461.91

中国国家版本馆 CIP 数据核字（2023）第 034169 号

Qiche Zhuanxiang Xuangua yu Zhidong Anquan Xitong Jishu (Chuji)

汽车转向悬挂与制动安全系统技术（初级）

主　编　付迎刚　完德加

责任编辑 / 李芳芳
封面设计 / 何东琳设计工作室

西南交通大学出版社出版发行
（四川省成都市金牛区二环路北一段 111 号西南交通大学创新大厦 21 楼　610031）
营销部电话：028-87600564　028-87600533
网址：http://www.xnjdcbs.com
印刷：四川玖艺呈现印刷有限公司

成品尺寸　185 mm × 260 mm
印张　9　字数　222 千
版次　2023 年 8 月第 1 版　印次　2023 年 8 月第 1 次

书号　ISBN 978-7-5643-9184-3
定价　38.00 元

课件咨询电话：028-81435775
图书如有印装质量问题　本社负责退换

日喀则市职业技术学校
汽车运用与维修专业1+X证书制度试点项目
教材编写委员会

前言
PREFACE

本书主要以实际车型为示例，根据企业典型工作任务与实际岗位的理论知识和技能知识需求，在汽车维护保养内容的基础上，结合汽车专业领域 1+X《汽车转向悬挂与制动安全系统技术》初级模块职业技能等级证书标准，将汽车专业领域 1+X 考评内容融入教材中，实现书证融通。

本书主要包括悬挂系统部件检查与保养、转向系统部件检查与保养、制动系统部件检查与保养、安全系统部件检查与保养 4 个项目，18 个工作任务。内容包含了汽车底盘传动系统、行驶系统、转向系统、制动系统机械和电控部分的维护保养内容，本着实用、够用、适用的原则编写，以实践为主、理论为辅。

本书与《汽车转向悬挂与制动安全系统技术实训指导手册》配合使用，其特色是采用“岗位对接式教学模式”，按“教→学→做→训→考→评”为一体的层次结构，将汽车运用与维修专业汽车维护保养重点内容和汽车专业领域 1+X 证书制度技术等级标准及汽车维修厂重点岗位技能进行整合，把企业真实生产岗位融入教材，实现书证融通，强化动手实践能力培养，让学生与企业零距离接轨。

本书由日喀则市职业技术学校付迎刚、完德加担任主编，日喀则市职业技术学校扎西次仁、嘎玛顿珠、仁增朗杰担任副主编，吉林机电工程学校陈波担任主审。

本书在编写过程中得到了学校各位领导和专家的大力支持，得到了四川华夏博康教育科技有限公司和成都融畅易和科技有限公司的鼎力帮助，同时参考和借鉴了其他汽修专业书籍、资料，在此一并向他们表示感谢。

本书虽经编写人员多次讨论、修改，但限于编者水平，难免存在不足之处，恳请广大读者批评指正。

编　者
2022 年 12 月

目录

CONTENTS

项目一　悬挂系统部件检查与保养

任务一　悬挂系统检查保养

知识目标

- 1. 了解悬架的类型及功用；
- 2. 熟悉悬架的组成；
- 3. 认识悬挂系统部件；
- 4. 掌握悬架部件检查工艺。

技能目标

- 1. 能更换横向稳定杆隔振垫；
- 2. 能检查悬架的部件。

一、悬架系统概述

（一）悬架的功用

悬架系统（见图 1-1）是现代汽车上的重要总成，对汽车行驶平顺性和操纵稳定性有很大的影响。其功用是弹性地连接车桥与车架（或车身），具有传力、缓冲、减振、导向等作用，具体如下：

图 1-1　悬架系统

（1）与轮胎一起吸收和减缓不平整路面所造成的各种摇摆和振动，从而保障乘客和货物的安全，并提高驾驶稳定性。

（2）将路面与车轮之间的摩擦所产生的驱动力和制动力，传输至车架或车身。

（3）支承车桥上的车身，并使车身与车轮之间保持适当的几何关系。

（二）悬架的类型

汽车悬架可分为非独立悬架和独立悬架两大类（见图 1-2）。

非独立悬架的结构特点是两侧车轮安装在一根整体式车桥上，车轮和车桥一起通过弹性元件悬挂在车架（或车身）下面。当一侧车轮因路面不平等原因相对于车架（或车身）位置发生变化时，另一侧车轮的位置也随之发生变化。

独立悬架则是两侧车轮各自独立地通过弹性元件悬挂在车架（或车身）下面，其配用的车桥都是断开式车桥。这样，当一侧车轮相对于车架（或车身）位置发生变化时，对另一侧车轮几乎不产生影响。

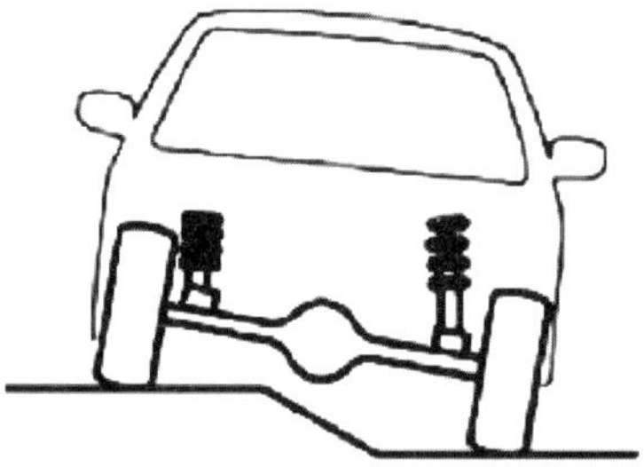

（a）非独立悬挂

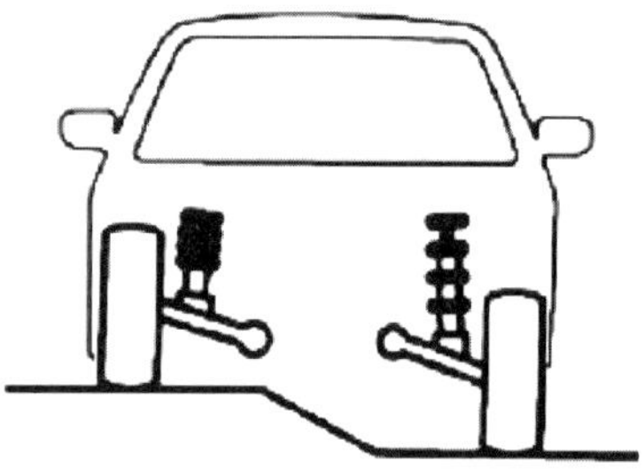

（b）独立悬挂

图 1-2　悬架类型

（三）前悬架类型

1. 麦弗逊式独立悬架

麦弗逊式独立悬架结构如图 1-3 所示。它主要由车桥、下摆臂（左、右）、下臂球节（左、右）、减振器（左、右）和螺旋弹簧（左、右）、稳定杆、稳定杆连杆（左、右）、隔振垫（左、右）、转向节（左、右）、防尘套（左、右）、支撑轴承（左、右）和支撑支座（左、右）等组成。

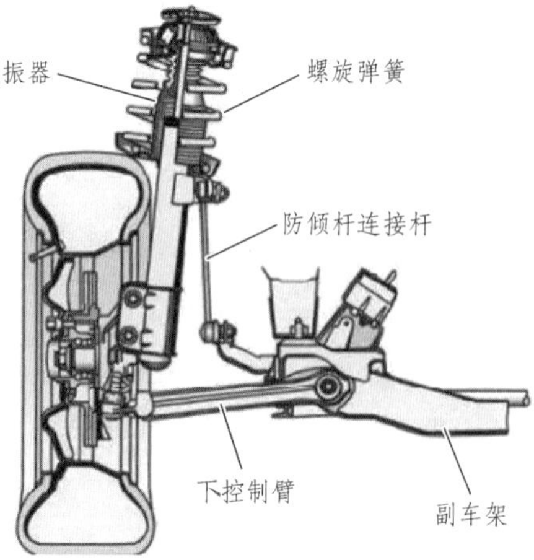

图 1-3　麦弗逊式独立悬架结构

2. 双横臂式独立悬架

双横臂式独立悬架（见图 1-4）广泛用于较大车辆的前悬架。它主要由车桥、下摆臂、上摆臂、下臂球节、上臂球节、减振器、螺旋弹簧、稳定杆、稳定杆连杆、隔振垫、转向节、防尘套、支撑轴承和支撑支座等组成。

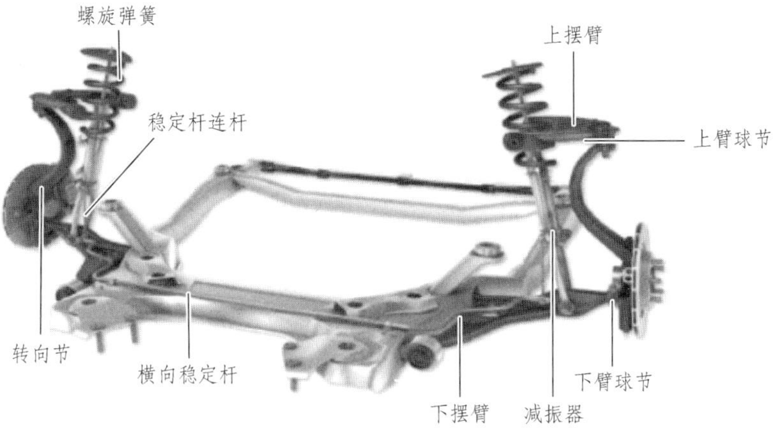

图 1-4　双横臂式独立悬架结构

（四）后悬架的分类

经济型轿车为了节约成本，后悬架一般采用非独立式；中、高级轿车为了提高车辆的舒适性和稳定性，后悬架都采用独立式。

1. 纵臂型带扭矩梁式非独立悬架

纵臂型带扭矩梁式非独立悬架结构如图 1-5 所示，它主要由扭矩梁与纵臂（扭力梁）、减振器（左、右）、螺旋弹簧（左、右）、橡胶护套（左、右）和弹簧座等组成。

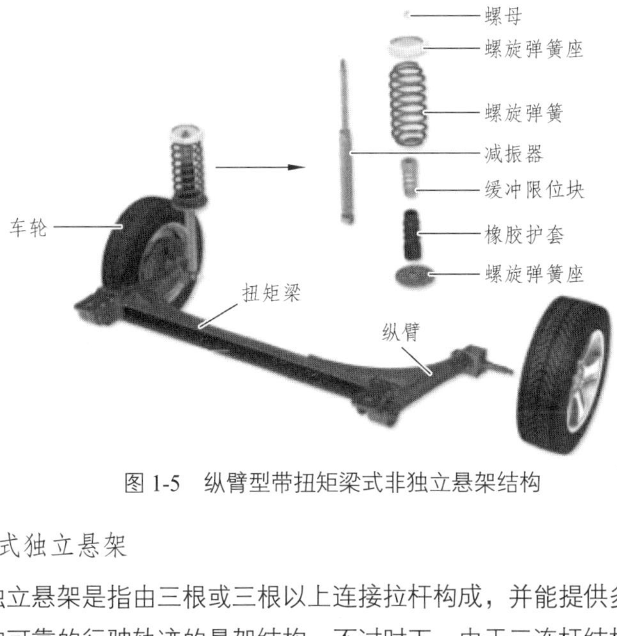

图 1-5　纵臂型带扭矩梁式非独立悬架结构

2. 多连杆式独立悬架

多连杆式独立悬架是指由三根或三根以上连接拉杆构成，并能提供多个方向的控制力，使轮胎具有更加可靠的行驶轨迹的悬架结构。不过时下，由于三连杆结构已不能满足人们对底盘操控性能的更高追求，只有结构更为精确、定位更加准确的四连杆式和五连杆式悬架才可称为真正的多连杆式。多连杆式独立悬架结构如图 1-6 所示。它主要由车桥、减振器、螺旋弹簧、横向稳定杆和多条拉杆组成。

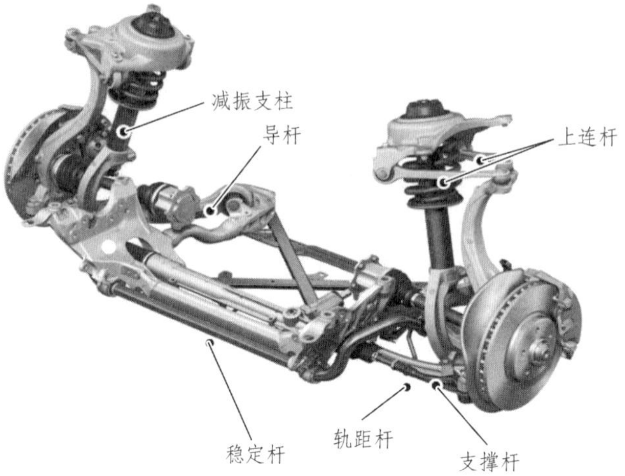

图 1-6　多连杆式独立悬架结构

（五）悬架的组成

现代汽车的悬架虽有不同的结构形式，且前悬架和后悬架的结构也稍有不同，但一般都由弹性元件（弹簧）、减振器、横向稳定杆（稳定器）和连接机构（下臂、悬架臂）等组成。前、后悬架的组成如图 1-7 所示。

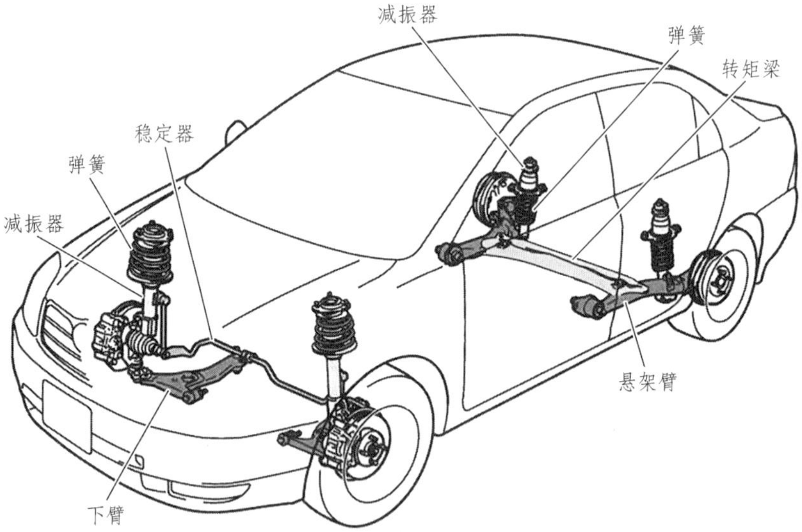

图 1-7　前、后悬架的组成

1. 弹性元件

弹性元件的功用是承受并传递垂直载荷，缓和不平路面引起的冲击，使车架（或承载式车身）与车桥（或车轮）之间保持弹性连接，提高乘坐的舒适性能。常见的弹性元件主要有螺旋弹簧、钢板弹簧、扭杆弹簧和气体弹簧等（见图 1-8）。

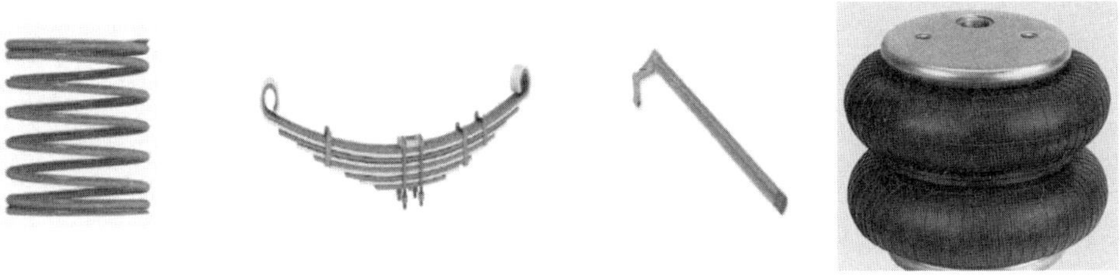

图 1-8　常见弹性元件

1）螺旋弹簧

螺旋弹簧由特殊的圆形钢材缠绕成螺旋结构，利用弹簧的抗扭强度来吸收振动和冲击（见图 1-9）。它具有体积小、质量小、占用空间小、价格低廉，能高效吸收路面冲击产生的垂直力等优点，在轿车上广泛采用。但是其螺旋弹簧不能吸收横向能量，因此还需要其他的辅助机构。

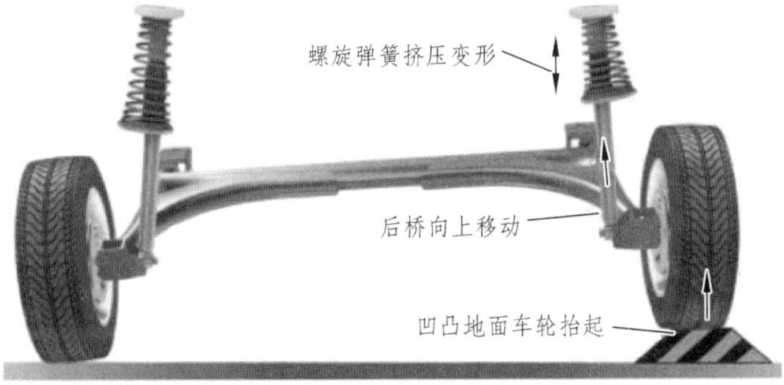

图 1-9　螺旋弹簧

2）钢板弹簧

钢板弹簧是由若干不等长的合金弹簧片叠加在一起组合而成的，其结构如图 1-10 所示。钢板弹簧除了弹簧功能外，还可看作支持车桥的臂。其优点在于持久耐用，但由于其质量大、结构厚实，故不利于提高行驶舒适性，因而在载货汽车上使用较多。钢板弹簧的安装位置如图 1-11 所示。

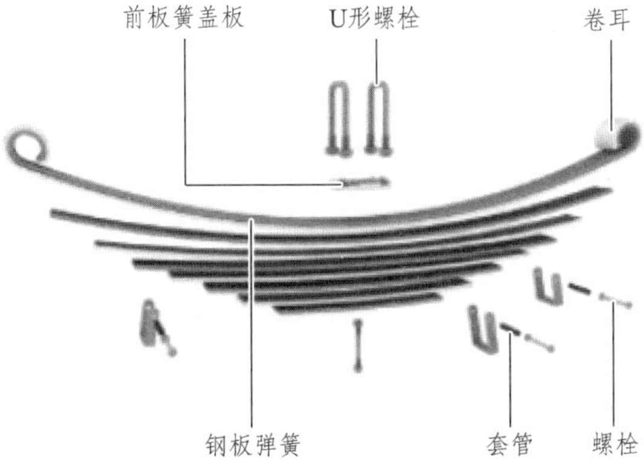

图 1-10　钢板弹簧的结构

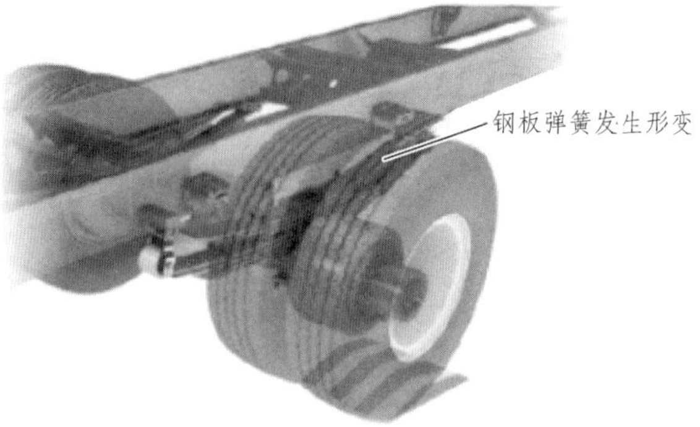

图 1-11　钢板弹簧在车辆上的安装位置

3）扭杆弹簧

扭杆弹簧是由高弹性的弹簧钢加工成的一条钢杆，利用扭杆产生扭转弹性变形，在车轮与车架之间起弹性连接的作用，应用在越野车型的前悬架较多（见图 1-12）。

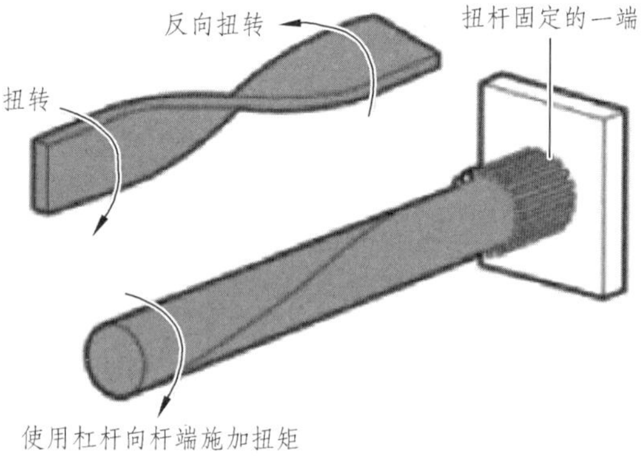

图 1-12　扭杆弹簧

4）气体弹簧

气体弹簧（见图 1-13）是在一个密封的容器中充入压缩气体，利用气体的可压缩性实现弹簧作用。这种弹簧的刚度是可变的，因为作用在弹簧上的载荷增加时，容器内的定量气体气压升高，弹簧的刚度增大。反之，当载荷减小时，弹簧内的气压下降，刚度减小，故它具有较理想的弹性特性。

图 1-13　气体弹簧

2. 减振器

减振器（见图 1-14）的作用是快速消除弹簧的振动，改善汽车行驶的平顺性，它与弹性元件并联安装。汽车减振器分为液力式、充气式和阻力可调式几种。

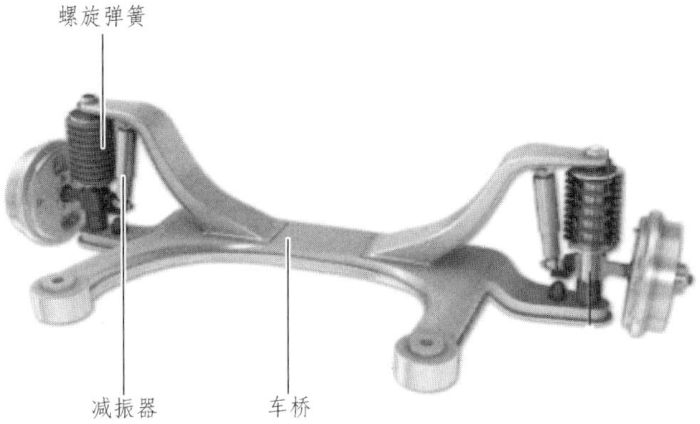

图 1-14　减振器

3. 横向稳定杆

横向稳定杆可以防止车身在转向等情况下发生过大的横向倾斜，改善汽车的操纵稳定性和行驶平顺性。如图 1-15 所示，横向稳定杆在独立式悬架上使用，非独立悬架一般无须使用。

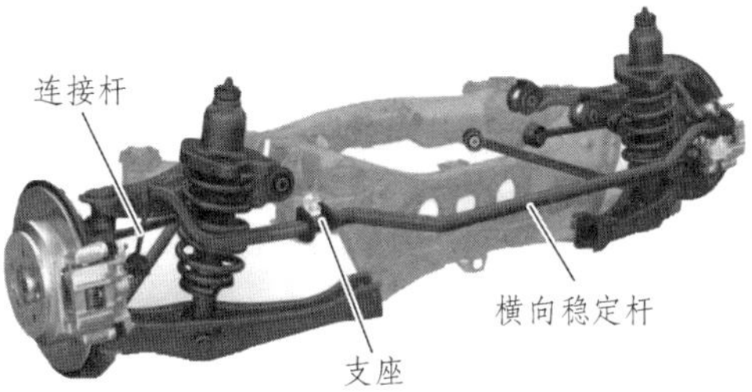

图 1-15　横向稳定杆在独立式悬架上的使用

4. 连接机构

连接机构包括下摆臂、横向导杆和纵向推力杆等，它们都是通过隔振胶套（见图 1-16）与车桥或车身相连，用来传递除垂直力以外的各种力和力矩，并确定车轮相对于车架（或车身）的运动关系。

因此，连接机构的隔振胶套容易磨损和产生裂纹，从而造成在颠簸路面行驶时异响。

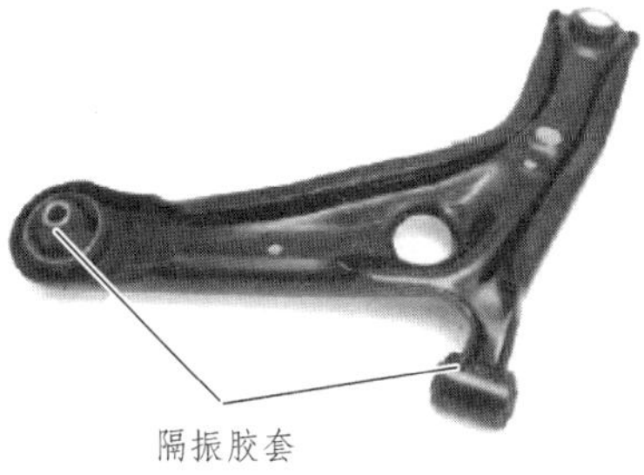

图 1-16　隔振胶套

5. 下臂球节

下摆臂与转向节的连接处由于转向需要，它们之间要能偏转，因此采用球节的连接形式。球节的结构如图 1-17 所示。该球节由于承受非常大的负荷，因此较易磨损造成间隙过大，从而产生异响。

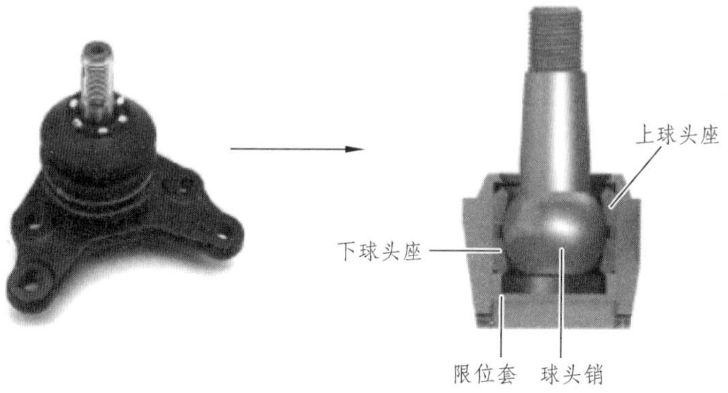

图 1-17　球节的结构

二、横向稳定杆隔振垫/横向稳定杆更换

（1）选用合适工具拆下左、右稳定杆连杆及稳定杆固定螺母。

（2）选用合适工具拆下左、右稳定杆隔振套固定座螺栓，并取下隔振胶套。

（3）安装左、右新的隔振胶套，并拧紧相应的固定螺栓。

三、悬架部件的检查

1. 检查减振器的阻尼状态

分别快速压下并放松减振器部位的翼子板，检查 4 个减振器的阻力感，可将测试的效果与性能完好的车辆进行比较，如与性能完好的车辆的差别较大或 4 个减振器的效果不一致，则应对悬架进行检查。

2. 检查车辆高度

车辆处于水平地面，分别检查车辆的前方和后方左右两侧高度是否一致。如存在倾斜，说明悬架系统存在故障。

3. 检查车轮轴承

依次晃动和转动 4 个车轮，检查车轮轴承和悬架是否松动，转动时车轮轴承是否存在异响。

4. 检查悬架其他部件

检查 4 个车轮侧的下摆臂和拉杆是否有裂纹、变形；摇晃检查稳定杆是否有松动、变形；螺旋弹簧是否有折断、松动；减振器是否漏油、变形；减振器防尘罩是否有损坏等。

任务二　前后减振器的拆装

知识目标

- 1. 掌握减振器的功用及分类；
- 2. 掌握前、后减振器的组成；
- 3. 掌握减振器部件的检查工艺。

技能目标

- 1. 能检查减振器弹簧；
- 2. 能检查、更换减振器胶垫；
- 3. 能更换减振器。

一、前后减振器概述

减振器（见图 1-18）主要由上支座、活塞杆、液压油、活塞、储油缸体、压力筒、底部阀、下支座以及通流阀组成。上支座与活塞、活塞杆连成一体，连接至车身；下支座与压力筒连成一体，连接至车架摆臂。

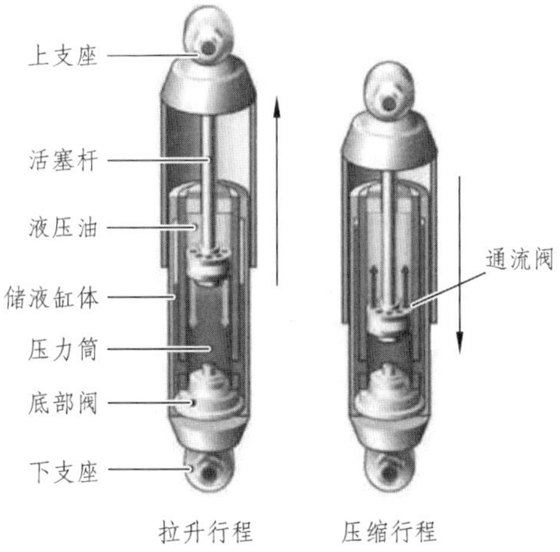

图 1-18　减振器的结构组成

目前汽车广泛采用筒式液力减振器。其可在压缩和拉伸两个行程内起减振作用，因此称为双向功用式减振器；只在拉伸行程起减振作用的减振器称为单向功用式减振器。目前，汽车上多采用双向功用式减振器（见图 1-19）。

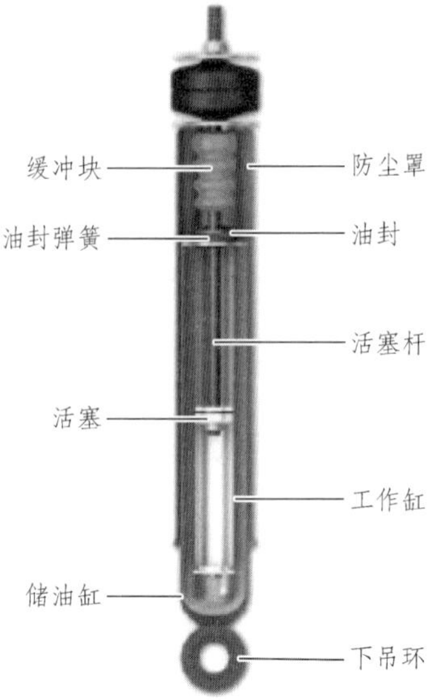

图 1-19　双向功用式减振器结构

双向功用式减振器的工作原理如图 1-20 所示。它内部一般具有 4 个阀：压缩阀、伸张阀、流通阀和补偿阀。流通阀和补偿阀是一般的单向阀，其弹簧很弱，当阀上的油压功用力与弹簧力同向时，阀处于关闭状态；而当油压功用力与弹簧力反向时，只要有很小的油压，阀便能开启。压缩阀和伸张阀是卸载阀，其弹簧较强，预紧力较大，只有当油压升高到一定程度时，阀才能开启。

当车辆因振动而出现相对运动时，减振器内部的活塞便会上下移动，而其油腔内部的液压油便会从活塞上面的通流阀反复地从一个腔流入另一个腔。随着通流阀孔壁与油液间的摩擦，以及油液分子之间的内摩擦对产生的振动形成阻尼力，将振动能量转化为热能并散发到大气中。

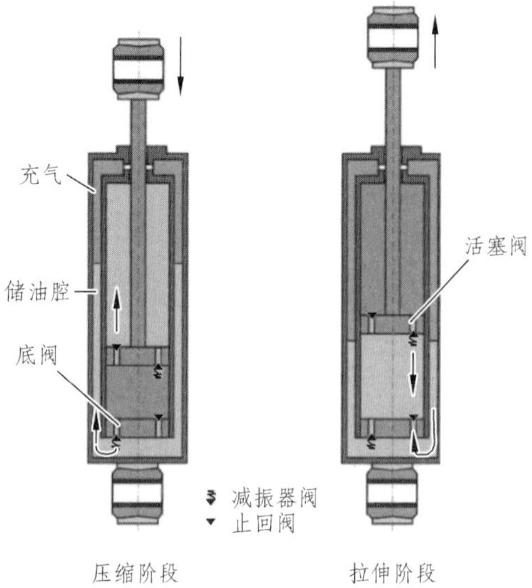

图 1-20　双向功用式减振器的工作原理

二、前后减振器更换

（1）首先将四个车轮按照对角顺序进行螺母松动，不要完全拧下。

（2）使用举升机将汽车抬起，不需要太高，车轮刚离地一段距离即可，方便作业。

（3）使用套筒按对角顺序将车轮螺母完全拧下，取下车轮。

（4）依据不同的车型，将制动分泵拆卸下来以便拆卸减振器，然后拆下支臂固定螺栓，接着松开弹簧支杆臂的固定螺母。

（5）使用卡钳千斤顶将减振臂固定，打开发动机引擎盖，松开减振器上端车身固定螺母，转动卡钳千斤顶将减振臂向上抬，直至减振器下端与前桥固定处分离，然后缓慢挪开减振器，慢慢下降减振臂直至减振弹性完全释放后，再彻底松开减振器上端车身固定螺母，取下减振器。

（6）取下减振器后，使用减振弹簧拆装器将弹簧固定住，避免拆卸顶部螺丝出现弹簧上移窜出情况，拆解减振器需要 2 名修理工：一名负责扶持，另一名拧螺丝。

（7）拆解更换减振器损坏的部件以及橡胶护罩，若减振弹簧没出现严重锈蚀或断裂则无须要更换。

三、前后减振器部件检查

（1）压缩并伸长减振器杆多次，应无异常阻力或声音，且操作阻力正常，否则更换减振器（见图 1-21）。

（2）检查弹簧支撑座内的支撑轴承，转动时应灵活，且无卡滞和异响。

（3）检查弹簧上、下隔振垫应无破损。

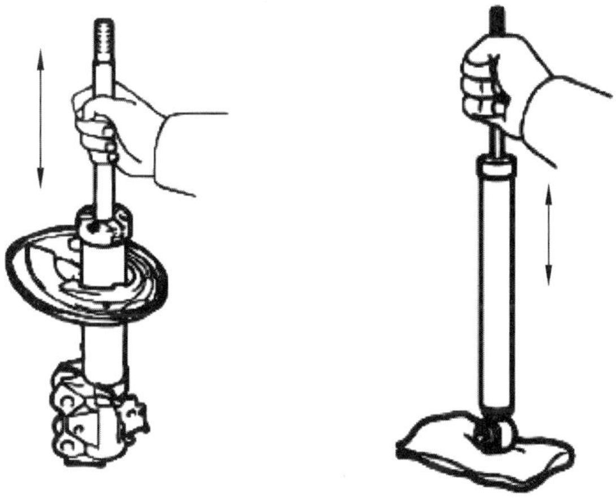

图 1-21　检查前后减振器

任务三　电控悬挂检查设定

知识目标

- 1. 了解电子控制悬架系统的功用；
- 2. 了解电子控制悬架系统的类型；
- 3. 熟悉电子控制悬架系统的组成；
- 4. 了解电子控制悬架系统的工作原理。

技能目标

- 1. 能对电子悬挂系统故障进行诊断；
- 2. 能进行轮胎气压调整及车身高度测量；
- 3. 能进行电控悬挂车身高度调整；
- 4. 能对空气减振器进行漏气检测。

一、电控悬架的认识

（一）电子控制悬架系统的功用

传统的悬架系统一般具有固定的弹簧刚度和减振器阻尼，不能同时满足汽车行驶平顺性和操纵稳定性的要求。降低弹簧刚度，平顺性会更好，乘坐更舒适，但由于悬架偏软，会使操纵稳定性变差；而增加弹簧刚度，会提高操纵稳定性，但较硬的弹簧又使车辆对路面的不平度很敏感，使平顺性降低。因此，理想的悬架系统应在不同的使用条件下具有不同的弹簧刚度和减振器阻尼力，能在起步和加速时防后坐，能在正常行驶时乘坐更平顺，转弯时抗侧倾，高速行驶时提高稳定性，制动时防俯冲等。装配电子控制悬架的汽车如图 1-22 所示。

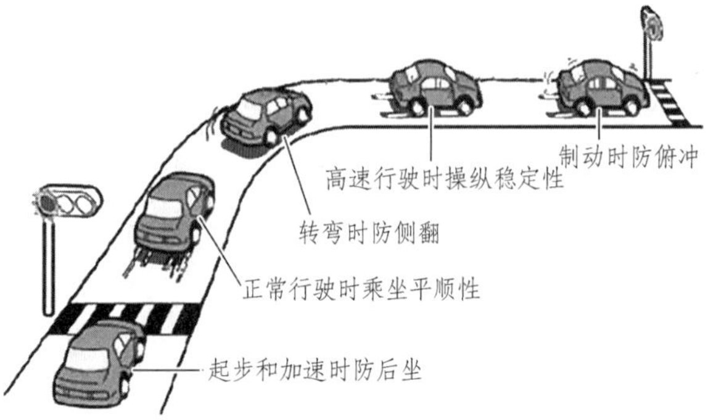

图 1-22　装配电子控制悬架的汽车

（二）电子控制悬架系统的类型

电子控制悬架系统主要有半主动悬架和主动悬架。半主动悬架是指悬架元件中的弹簧刚度和减振器阻尼力之一可以根据需要进行调节。而主动悬架可根据需要自动调节弹簧刚度和减振器的阻尼力，从而能够同时满足汽车行驶平顺性和操纵稳定性等各方面的要求。主动悬架按照弹簧的类型，又可分为空气弹簧主动悬架和油气弹簧主动悬架。其中应用空气弹簧主动悬架的汽车较多。

（三）电子控制悬架系统的组成

电子控制悬架系统（见图 1-23）主要由开关、传感器、电子控制单元与执行机构等组成。

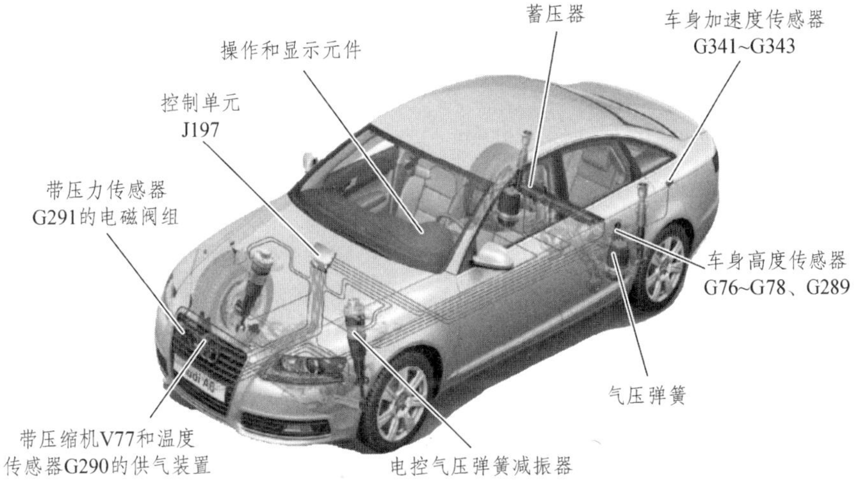

图 1-23　电子控制悬架系统的组成

1. 开关与指示灯

电子控制悬架系统开关主要有阻尼方式选择开关、高度控制开关、高度控制 OFF 开关、停车开关和车门开关等，如图 1-24 所示。

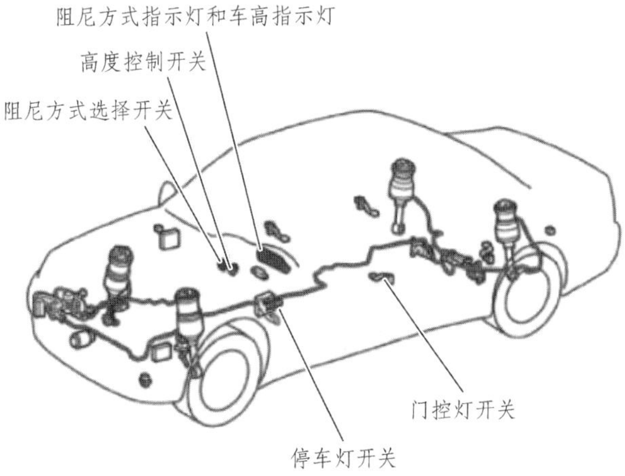

图 1-24　电子控制悬架系统开关

1）阻尼方式选择开关

该开关可以改变减振器的阻尼力。开关上有 COMFORT（正常）和 SPORT（运动）两个标识，从 COMFORT（正常）转换到 SPORT（运动）可将阻尼力从软变成硬（见图 1-25）。

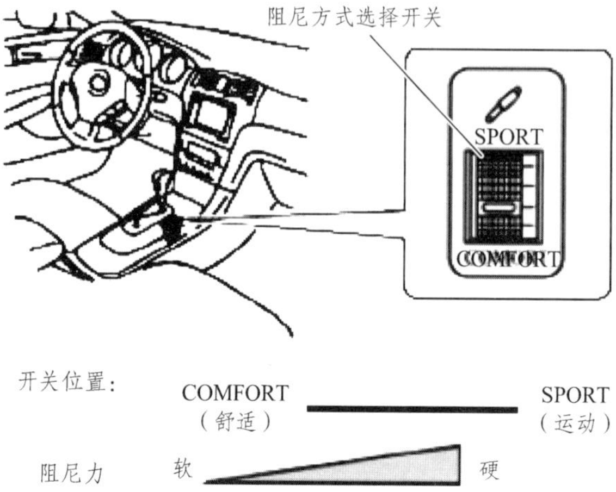

图 1-25　阻尼方式选择开关

2）高度控制开关

该开关可以改变车高设定值。从 NORM（正常）或 LOW（低位）转换到 HIGH（高位），即可将车高从低位变化到高位（见图 1-26）。

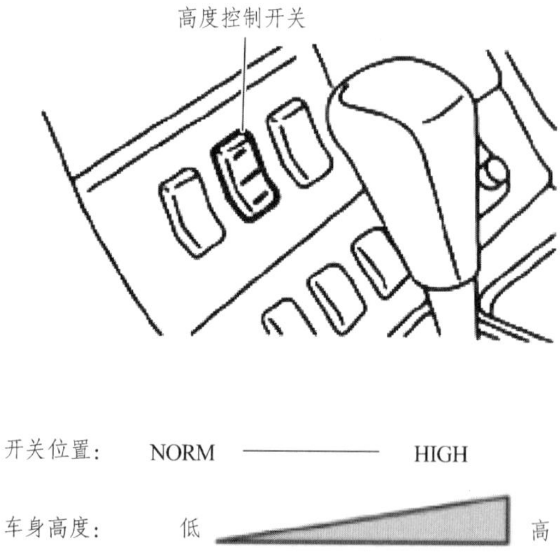

图 1-26　高度控制开关

3）高度控制 OFF 开关

高度控制 OFF 开关位于仪表板的左下位置。当把此开关置于“ON”位置时，系统可按选择方式自动控制车身高度；当把此开关置于“OFF”位置时，系统不能执行车身高度控制（见图 1-27）。

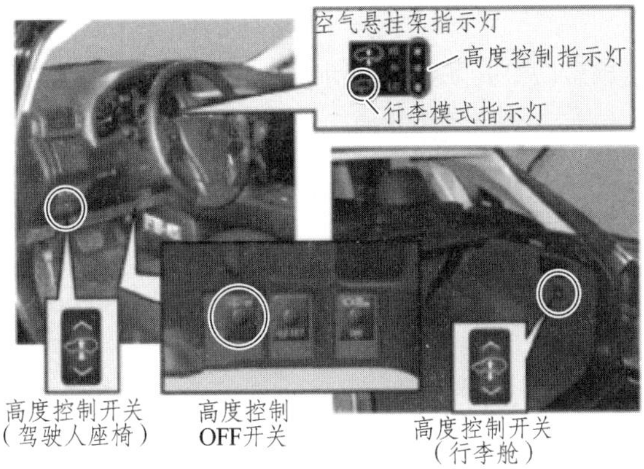

图 1-27　高度控制 OFF 开关

4）阻尼方式指示灯和车高指示灯

该阻尼方式指示灯用阻尼方式选择开关进行方式选择时点亮。车高指示灯用高度控制开关进行方式选择时点亮，同时，这些指示灯在系统故障过程中会闪烁（见图 1-28）。

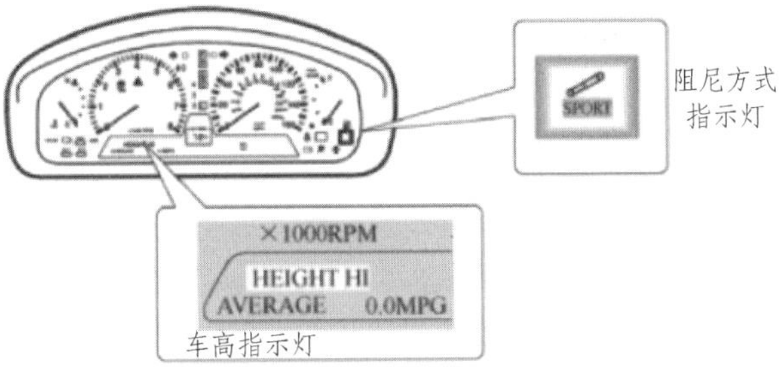

图 1-28　阻尼方式指示灯和车高指示灯

2. 传感器

电控悬架系统的传感器一般有转向角传感器、高度传感器、车速传感器、减速传感器等（见图 1-29）。

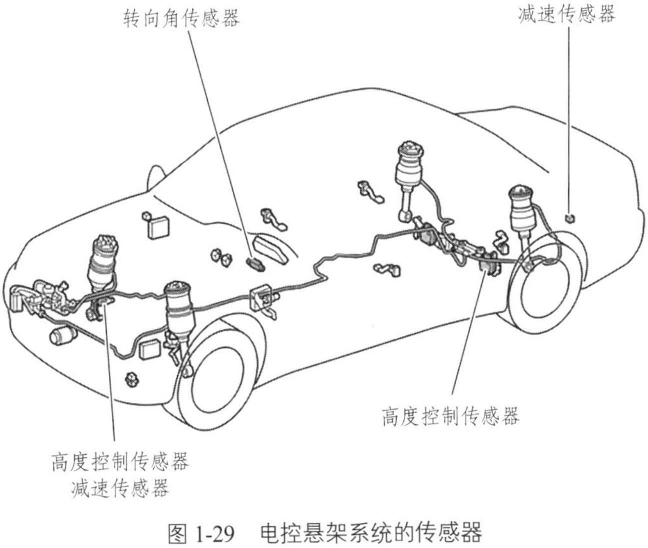

图 1-29　电控悬架系统的传感器

1）转向角传感器

转向角传感器安装在转向灯开关组件上用以检测转向方向、角度和速度。该传感器装备 3 只带相位差的光电断续器，通过一个开槽圆盘对光线的遮断或通过，来接通或断开光电晶体管，实现对转向方向和角度的检测（见图 1-30）。

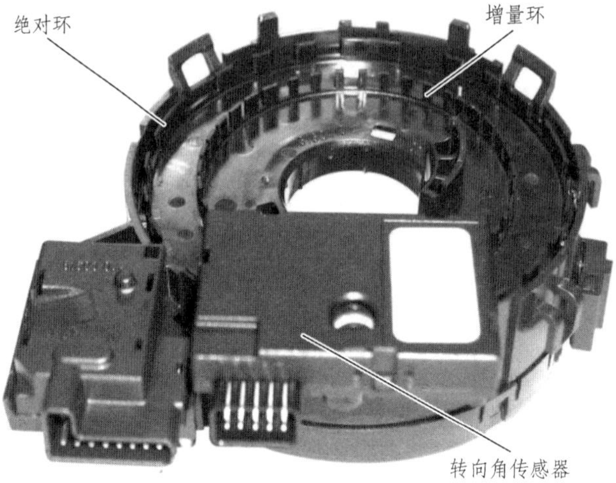

图 1-30　转向角传感器位置

2）高度控制传感器

每个车轮侧都安装一个高度传感器。该传感器把车辆高度的变化转变成操纵连杆旋转角度的变化。当车身较高时，信号电压随之变成较高：当车身较低时，其信号电压随之降下（见图 1-31）。

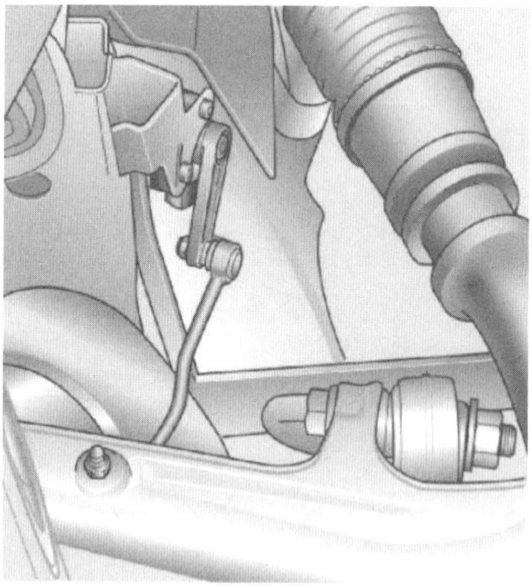

图 1-31　高度控制传感器所在位置

3）减速传感器

前减速传感器和前高度控制传感器结合在一起，后减速传感器安装在行李箱内。减速传感器把压电陶瓷盘的挤压变形转变成电信号，并检测车辆竖向减速度。当接收到车辆的向上力时，信号电压即上升；而当接收到向下力时，则信号电压即下降（见图 1-32）。

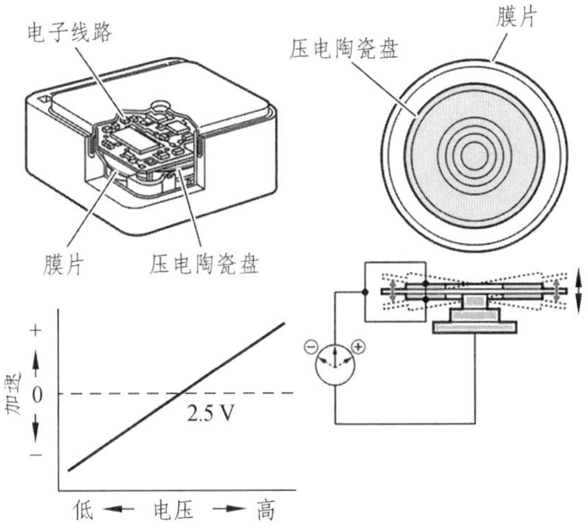

图 1-32　减速传感器的结构与工作原理

3. 电子控制单元

电子控制单元（ECU）（见图 1-33）接收传感器和选择开关的信号，通过分析计算，再驱动执行器和阀门工作，从而保持车辆的平顺性和操纵稳定性。

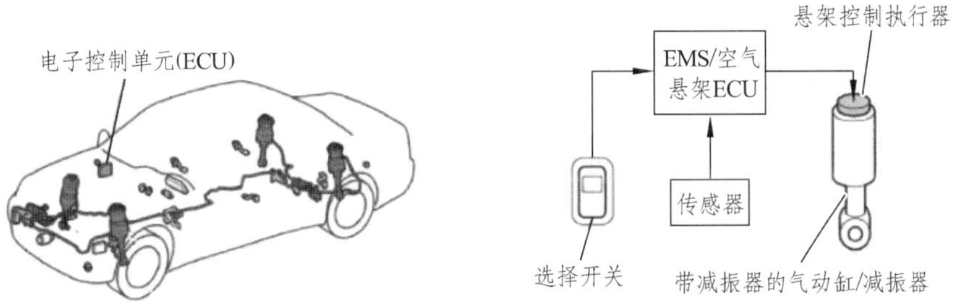

图 1-33　电子控制单元

4. 执行器

电控悬架系统的执行机构有悬架控制执行器、气动缸与减振器总成、压气机和干燥器组件、高度控制电磁阀等，如图 1-34 所示。

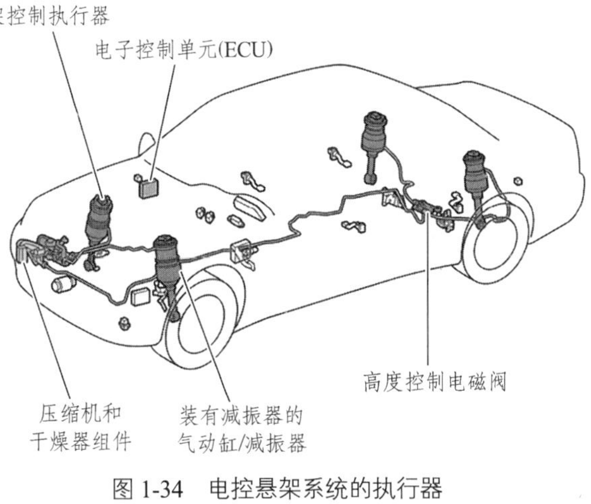

图 1-34　电控悬架系统的执行器

1）悬架控制执行器

悬架控制执行器位于各减振器/气动缸的顶部。它通过输出轴转动减振器回转阀来改变减振器的阻尼力。回转阀（输出轴）旋转角度由电子控制单元的信号控制（见图 1-35）。

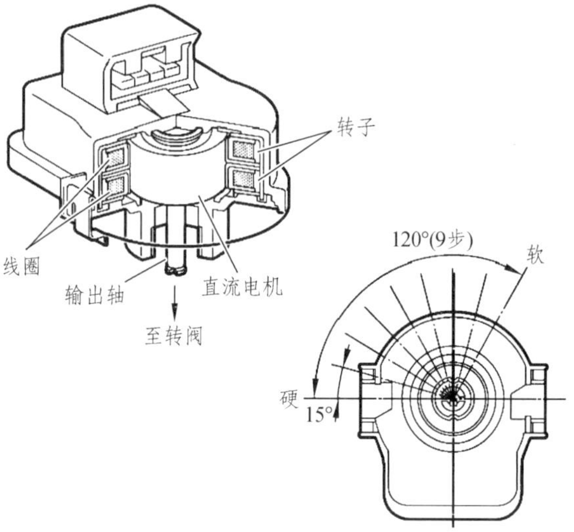

图 1-35　悬架控制执行器的结构

2）气动缸与减振器总成

气动缸由一只装有低压氮气的可变阻尼力减振器和一个带有大容量压缩空气的气室组成，以达到较佳的乘坐舒适性。减振器配备一只硬阻尼阀和一只软阻尼阀，由 ECU 通过悬架控制执行器转换减振器的阻尼力；气动缸从外界充入压缩空气和放出压缩空气可以调节悬架的高度；ECU 通过悬架控制执行器控制主气室与副气室通道小孔的大小调节弹簧的刚度。

3）压气机和干燥器组件

压气机和干燥器组件为一体化结构，压气机和电动机为提升车高而生产必要的压缩空气，干燥器消除由压气机生产压缩空气中的水分，排气电磁阀把压缩空气从气动缸中排放到大气中（见图 1-36）。

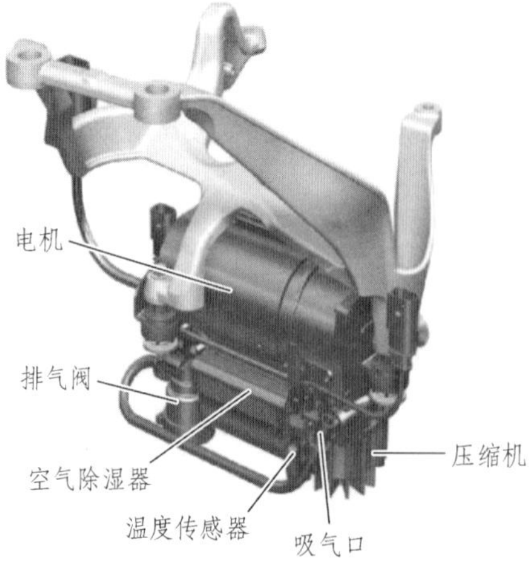

图 1-36　压气机和干燥器组件结构

4）高度控制阀

高度控制阀由电子控制单元的信号来控制气动缸的压缩空气，有两只高度控制阀：一只用于前面左、右气动缸，另一只用于后面左、右气动缸（见图 1-37）。

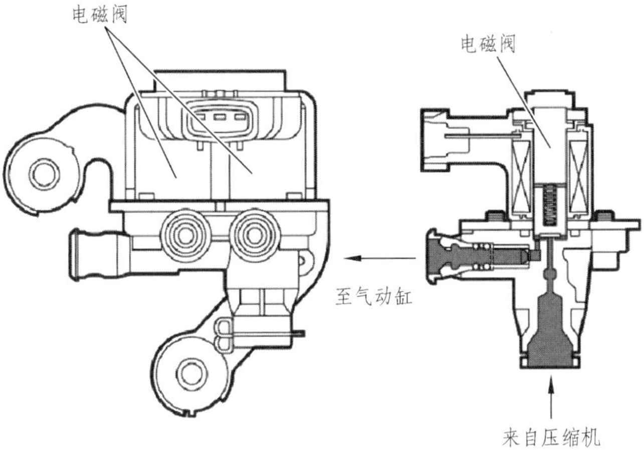

图 1-37　高度控制阀结构原理

（四）电子控制悬架系统的工作原理

电子控制悬架系统的一般工作原理是利用传感器（包括开关）对汽车行驶时路面的状况和车身的状态进行检测，将检测信号输入计算机进行处理，计算机通过驱动电路控制悬架系统的执行器动作，完成弹簧刚度、车身高度和减振器阻尼力的调整。

汽车行驶在不同的条件下对弹簧刚度、车身高度和减振器的阻尼力有不同的要求。

1. 车速与路面感应控制

（1）当车速高时，提高弹簧刚度和减振器阻尼力，以提高汽车高速行驶时的操纵稳定性。

（2）当前轮遇到突起时，减小后轮悬架弹簧刚度和减振器阻尼力，以减小车身的振动和冲击。

（3）当路面差时，提高弹簧刚度和减振器阻尼力，以抑制车身的振动。

2. 车身姿态控制

（1）转向时侧倾控制：急转向时，提高弹簧刚度和减振器阻尼力，以抑制车身的侧倾。

（2）制动时点头控制：紧急制动时，提高弹簧刚度和减振器阻尼力，以抑制车身的点头。

（3）加速时后坐控制：急加速时，提高弹簧刚度和减振器阻尼力，以抑制车身的后坐。

3. 车身高度控制

（1）高速感应控制车速超过 90 km/h，降低车身高度，以减少空气阻力，提高汽车行驶的稳定性。

（2）连续差路面行驶控制车速为 40 ~ 90 km/h，提高车身高度，以提高汽车的通过性；车速在 90 km/h 以上，降低车身高度，以提高汽车行驶的稳定性。

（3）点火开关 OFF 控制驻车时，当点火开关关闭后，降低车身高度，便于乘客上、下车。

（4）自动高度控制：当乘客和载质量变化时，保持车身高度恒定。

（五）故障诊断

1. 自诊断

如果电子控制单元检测到系统中有故障时，它就闪烁阻尼方式指示灯或车高指示灯，向驾驶员发出警告，同时电子控制模块还储存故障代码。此时，可以通过故障诊断仪连接到故障诊断座上（DLC3 上）读取故障代码（见图 1-38）。

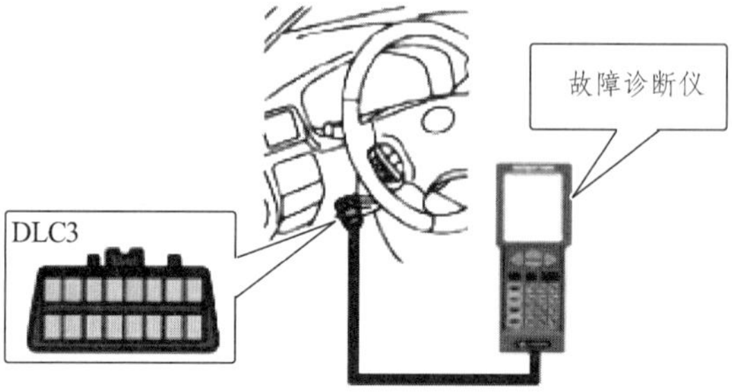

图 1-38　使用故障诊断仪读取故障代码

2. 失效保护

如果电子控制模块检测到传感器或执行器存在故障，电子控制模块就会禁止车高控制和阻尼力控制。

二、车身高度测量

对于电控悬架汽车，通过改变车身高度等参数，可以让汽车具有良好的乘坐舒适性、操纵稳定性以及通过性。汽车车身的高度应在一个标准范围内，所以应对汽车车身进行高度测量。测量方法如下：

（1）将车辆停于水平地面上，变速杆置于空挡，松开驻车制动器。

（2）前后推动汽车，确保车轮处于稳定状态，安装好车轮挡块，启动发动机。

（3）将车身高度控制开关拨到 HIGH 位置，等车身升高后停留 60 s，再拨至 NORM 位置，等车身下降后停留 50 s，并重复上述操作 1 ~ 2 次。

（4）测量从地面到下悬架臂安装螺栓中心之间的距离，依次测量 4 个车轮的位置，并做好记录。

（5）查询维修手册，找到车身高度的标准值，如果车身高度测量结果与标准值不符，则应进行车身高度调整。

三、电控悬挂举升前的设定

装配电控悬架的汽车在使用举升机举升车辆前，首先将高度控制 OFF 开关关闭，使电控悬架系统不能自动调整车身的高度，否则可能会造成电控悬架部件损坏。

四、电控悬挂车身高度调整

无论车辆的负载多少，均可保持汽车高度一定，车身保持水平，从而使前照灯光束方向保持不变；当汽车在坏路面上行驶时，可以使车高升高，防止车桥与路面相碰，提高通过性；当汽车高速行驶时，又可使车高降低，以便减少空气阻力，提高操纵稳定性。

车身高度调整方法如下：

（1）旋松需要调整车身高度侧的车身高度传感器调节杆的两只锁紧螺母。

（2）转动车身高度传感器调节杆的螺栓以调节长度（车身高度传感器调节杆每转一圈，汽车高度改变大约 4 mm）。

（3）调整后，检查车身高度传感器调节杆的尺寸是否小于极限值。前、后悬架的极限值均为 13 mm。

（4）预拧紧两只锁紧螺母，再检查一次车身高度。

（5）若车身高度符合要求，则按规定扭矩紧固锁紧螺母。

五、空气减振器漏气检测

电控悬架系统管路中一旦有漏气，将直接影响系统气压的建立和保持，影响悬架的正常调节功能，因此要经常检查系统的密封性能。漏气一般发生在管路接头处，检查的步骤如下：

（1）启动发动机，将高度控制开关拨到 HIGH 位置，使车身升高。

（2）车身升至最高位后，将发动机熄火。

（3）用肥皂水涂抹在管路接头处及怀疑漏气处，观察是否有气泡产生。若有气泡，则证明此处漏气，应及时修复或更换。

六、空气减振器排气

空气悬挂（见图 1-39）指的是在螺旋弹簧外面加装一个气囊或内部建立一个气室，通过调节减振气囊或气室内的气体，起到改变减振状态、稳定车身水平的作用。

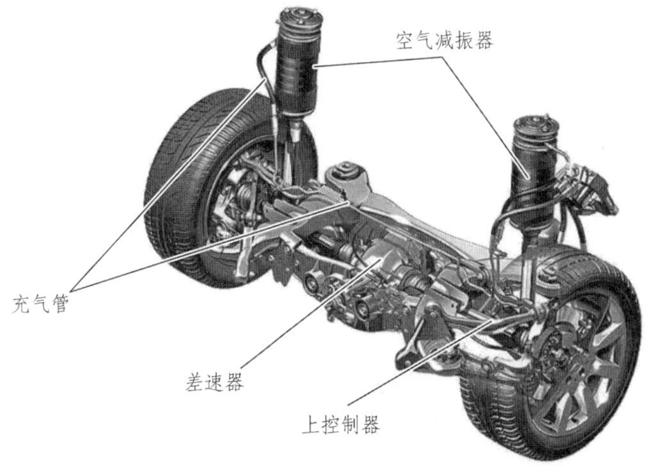

图 1-39　空气悬架

一般情况下，空气悬挂系统由控制计算机、减振器、气路、空气分配器、空气压缩机组成。

空气悬挂起作用时空气压缩机工作，将空气源源不断地输送到气管内，由计算机根据车身高度传感器反馈回来的数据，对分配器进行控制，将气体分配到四个车轮的减振器中，使之产生变化。

同时，减振器内还设有排气阀门，在不需要时，能够将里面的气卸掉。根据气囊位置的不同，一般常见的空气悬挂有两种：一种是将气囊单独加装在外面可以独立存在；另一种是设置在减振器内部与减振器集成一体。

任务四 汽车车轮检查保养

知识目标

- ◆ 1. 掌握车轮的功用及组成；
- ◆ 2. 掌握胎压监测方法；
- ◆ 3. 了解汽车轮胎常见的磨损类型；
- ◆ 4. 掌握汽车轮胎更换和修补方法。

技能目标

- ◆ 1. 能进行车轮总成拆装及换位；
- ◆ 2. 能进行车轮检查；
- ◆ 3. 能进行轮胎修补；
- ◆ 4. 能进行胎压监测；
- ◆ 5. 能进行轮胎的动平衡检查。

一、车轮概述

（一）车轮的功用

车轮位于汽车车身与路面之间，起支撑汽车和装载质量的功用；还能传递汽车与路面之间的驱动力、离心力和制动力，缓冲路面颠簸时所引起的振动，保持汽车的行驶方向等（见图 1-40）。

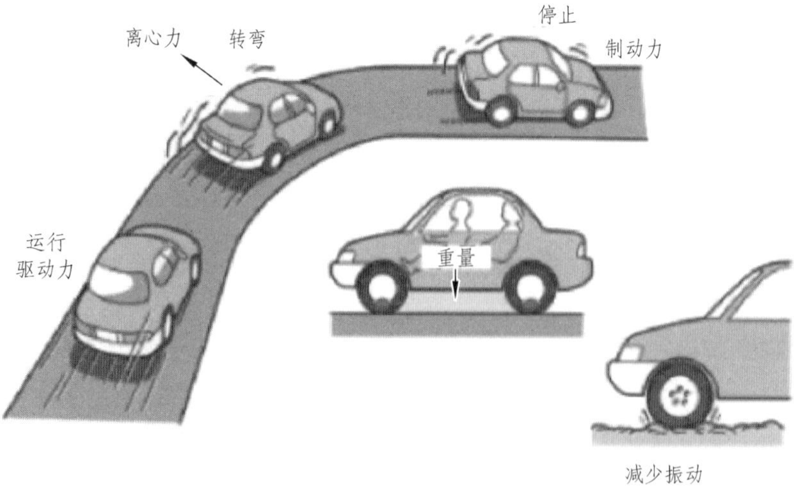

图 1-40 车轮的功用

（二）车轮的组成

汽车车轮主要由轮辋、轮胎和气门嘴等组成。轮胎安装在轮辋上，直接与路面接触（见图 1-41）。

图 1-41　车轮的组成

1. 轮　辋

轮辋俗称钢圈，它介于轮胎和车桥之间，其功用是安装轮胎，并传递和承受轮胎、车桥之间的各种力和力矩。

轮辋根据所用的材料不同，可分为钢板型和铝合金型，其中铝合金型轮辋由于不易变形且美观大方，因此在轿车上使用最广泛（见图 1-42）。

（a）钢板型轮辋　　（b）铝合金型轮辋

图 1-42　轮辋的分类

轮辋根据结构不同，可分为深槽轮辋、平底轮辋和对开式轮辋三种（见图 1-43）。

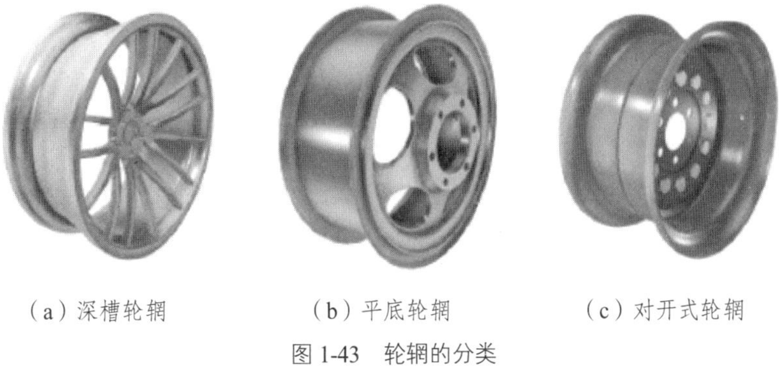

（a）深槽轮辋　　（b）平底轮辋　　（c）对开式轮辋

图 1-43　轮辋的分类

2. 轮　胎

（1）轮胎的功用。

轮胎安装在轮辋上，直接与路面接触，具体功用如下：

① 与汽车悬架共同缓和汽车行驶中所受到的冲击，并衰减由此而产生的振动，以保证汽车有良好的乘坐舒适性和行驶平顺性。

② 保证车轮和路面有良好的附着性，以提高汽车的牵引性、制动性和通过性。

③ 支撑汽车的重量，承受路面的其他反作用力。

因此，轮胎内部通常充有气体，以具有一定的承受载荷的能力和适宜的弹性；轮胎的外部有较复杂的花纹，以提高与路面的附着性。

（2）轮胎的类型。

汽车轮胎按压力的大小、保持空气的方法、帘布层的结构和花纹的不同，可分成不同的类型。

① 按轮胎内空气压力的大小，轮胎可分为高压胎（0.5 ~ 0.7 MPa）、低压胎（0.15 ~ 0.45 MPa）和超低压胎（0.15 MPa 以下）。低压胎弹性好、断面宽、接地面积大，胎壁薄散热好，从而提高了汽车行驶的平顺性、稳定性，同时提高了轮胎的使用寿命，所以轿车上几乎全部使用低压胎；载货汽车上普遍采用高压胎（见图 1-44）。

（a）高压轮胎　（b）低压轮胎　（c）超低压轮胎

图 1-44　按轮胎内空气压力大小分类

② 按轮胎内保持空气方法的不同，充气轮胎可分为有内胎和无内胎两种（见图 1-45）。

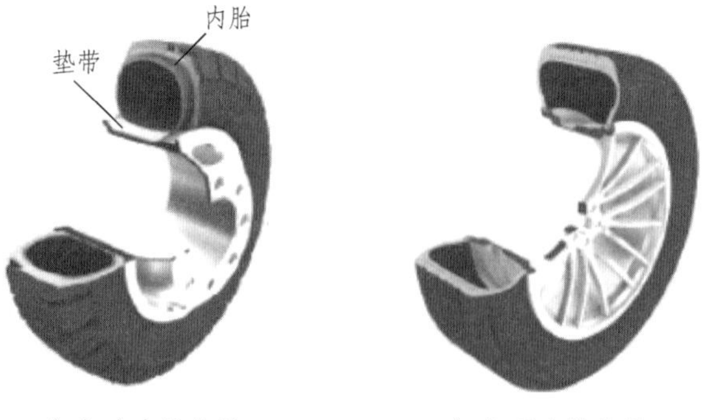

（a）有内胎轮胎　（b）无内胎轮胎

图 1-45　按轮胎内保持空气方法不同分类

③ 按轮胎胎体帘布层的结构不同，轮胎可分为斜交轮胎和子午线轮胎（见图 1-46）。

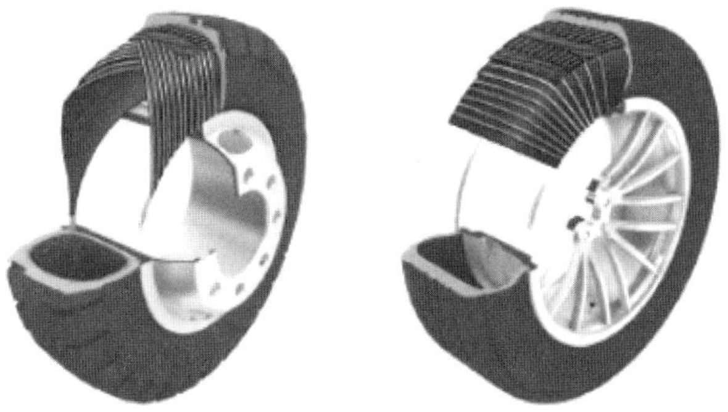

图 1-46　按轮胎胎体帘布层的结构不同分类

④ 按轮胎花纹结构的不同，轮胎可分为普通花纹轮胎、越野花纹轮胎和混合花纹轮胎三种（见图 1-47）。

图 1-47　按轮胎花纹结构不同分类

（3）轮胎的结构。子午线式轮胎在汽车上应用越来越多，它是用钢丝或植物纤维制作的帘布层，其帘线与胎面中心的夹角接近 90°，并从一侧胎边穿过胎面到另一侧胎边，帘线在轮胎上的分布类似地球的子午线，故称为子午线轮胎，从外表看它主要包括胎冠、胎肩和胎侧三部分，内部有带束层和帘布层（见图 1-48）。

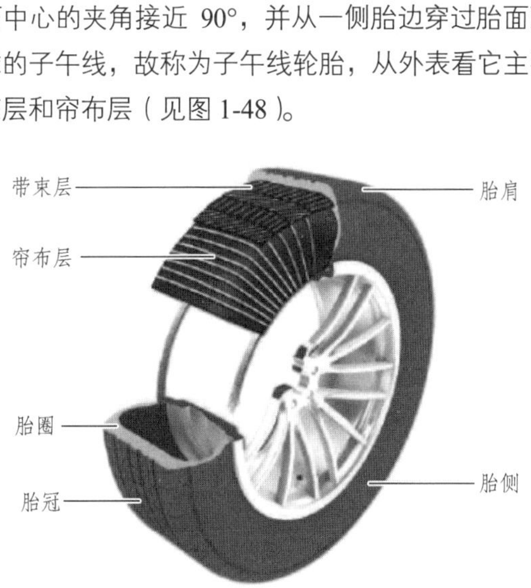

图 1-48　轮胎的结构

（4）轮胎的规格可用外胎直径 D（单位：mm）、轮辋直径 d（单位：英寸）、断面宽 B 和断面高 H 的名义尺寸代号表示（见图 1-49）。

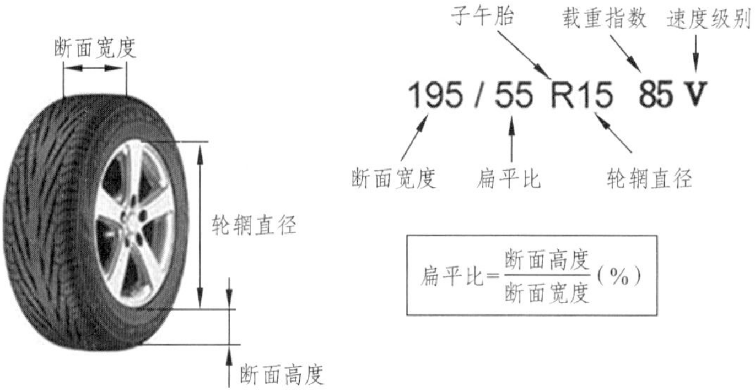

图 1-49　轮胎的规格

（三）汽车轮胎常见异常磨损

1. 正常磨损

轮胎磨损主要是因为轮胎与地面间滑动产生的摩擦力造成。汽车起步、转弯及制动等行驶条件的不断变化，转弯速度过快、起步过急、制动过猛，会造成轮胎的磨损加快。

另外，轮胎的磨损还与汽车的行驶速度有关，行驶速度越快，轮胎磨损越严重。路面的质量也直接影响到轮胎与地面的摩擦力，路面较差时，轮胎与地面滑动加剧，轮胎的磨损加快。以上情况产生的轮胎磨损，基本上是均匀的，属于正常磨损。

2. 异常磨损

若轮胎使用不当或前轮定位不准，将产生故障性不正常磨损。常见的不正常磨损有以下几种：

（1）轮胎的中央部分（胎冠）早期磨损。

主要原因是充气量过大。适当提高轮胎的充气量，可以减少轮胎的滚动阻力，节约燃油。但充气量过大时，不但影响轮胎的减振性能，而且会使轮胎变形量过大，与地面的接触面积减小，正常磨损只能由胎面中央部分承担，形成早期磨损。

（2）轮胎两边（胎肩）磨损过大。

主要原因是充气量不足，或长期超负荷行驶。充气量小或负荷重时，轮胎与地面的接触面大，使轮胎的两边与地面接触而形成早期磨损。轮胎气压高于或低于额定值 20%，行驶里程将损失 20%～25%。

（3）轮胎的一边磨损量过大。

主要原因是前轮定位失准。当前轮的外倾角过大时，轮胎的外边形成早期磨损，外倾角过小或没有时，轮胎的内边形成早期磨损。

（4）左右前轮胎肩波浪状磨损。

左后轮内侧，右后轮外侧异常磨损严重。主要原因是前后轴不平行，轴距右侧比左侧大，超过标准。轴距标准（前后桥板簧座处测量）左右最大差值 4 mm。解决办法：板簧车可通过筛选、调整板簧长度解决；空气悬架车可调整推力杆长度解决。

（5）左右前轮胎肩波浪状磨损。

右后轮内侧、左后轮外侧异常磨损严重。原因是前后轴不平行，轴距左侧比右侧大，超过标准。

（6）左右前轮胎肩波浪状磨损。

主要原因是前束值不对、转向直拉杆球头磨损严重、松旷、轴距误差轻微超过标准、前轮有摆振的倾向。子午线轮胎为 0 ~ 2 mm，1 mm 前束值误差可导致 7%的里程损失。前轮存在摆振倾向的车辆，是前轮后倾角、偏距值等不良问题造成的，可将前桥主销止推轴承换为阻尼轴承或加大主销后倾角 1°。

（7）右前轮胎肩波浪状磨损严重。

左前轮常磨损轻微，其他轮正常。主要原因为转向横拉杆球头松旷。

（8）右前轮外侧胎肩波浪状磨损严重。

左后轮外侧异常磨损严重；左前轮外侧胎肩波浪状磨损严重；右后轮外侧异常磨损严重；主要原因是前后轴平行，但中心线不一致。表现为轴距误差不大，但对角线误差较大。轴距对角线标准（前后桥板簧座处测量）：最大差值不超过 5 mm。

（9）轮胎磨损均匀但磨损量大没有偏磨、波浪磨损的现象。

一般原因是路面状况差，山路多弯，轮胎花纹不适应特殊路面。混凝土路面和防滑的沥青路面比普通沥青路面对轮胎磨损更快，要选择合适的轮胎花纹。

用户保养不当，轮胎混装，没有及时换位。轮胎换位及时的话可增加 20%的行驶里程。

超载严重，造成轮胎超负荷，在恶劣条件下要降低轮胎负荷率。

环境温度越高，轮胎寿命越短，4 °C 气温条件的轮胎花纹寿命比 32 °C 气温条件下可提高 4 倍。

（10）轮胎出现斑秃形磨损。

在轮胎的个别部位出现斑秃形磨损的原因是轮胎平衡性差。当不平衡的车轮高速转动时，个别部位受力大，磨损加快，同时转向发抖，操纵性能变差。若在行驶中发现某一个特定速度方向有轻微抖动时，应对车轮进行平衡，以防出现斑秃形磨损。

二、车轮的使用与维护

（一）轮胎调整

（1）合理搭配轮胎。搭配轮胎的原则如下：装用新轮胎时，同一轴上配同一规格、结构、层级和花纹的轮胎；装用新旧不同的轮胎时，前轮尽量使用较好的轮胎。

（2）轮胎的换位。及时进行轮胎换位可使轮胎磨损均匀，可延长 20%左右的使用寿命。常用的子午线轮胎一般采用如图 1-50 所示的换位方法。

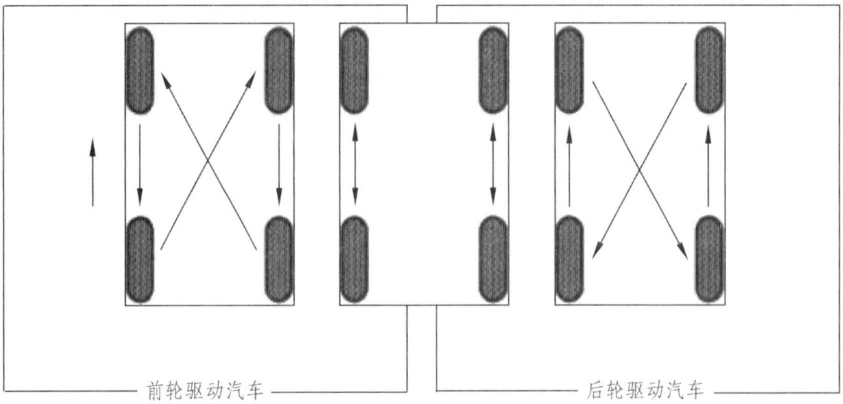

图 1-50　常用的子午线轮胎换位方法

（3）及时更换轮胎。轮胎花纹的凹槽内或胎侧都有磨损标记，如图 1-51 所示。当轮胎磨损到该标记时，必须更换。

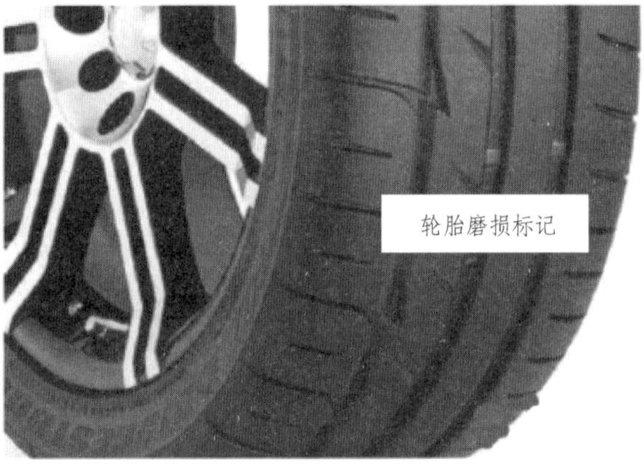

图 1-51　轮胎磨损标记

（4）保持良好的底盘技术状况。轮胎的异常磨损与底盘技术状况有关，如前轮定位中的前轮外倾与前轮前束配合不当、轮毂轴承松旷、转向传动机构间隙过大、车轮不平衡、轮辋变形、悬架与车架变形或制动技术状况不良等都会引起轮胎的不正常磨损（见图 1-52）。

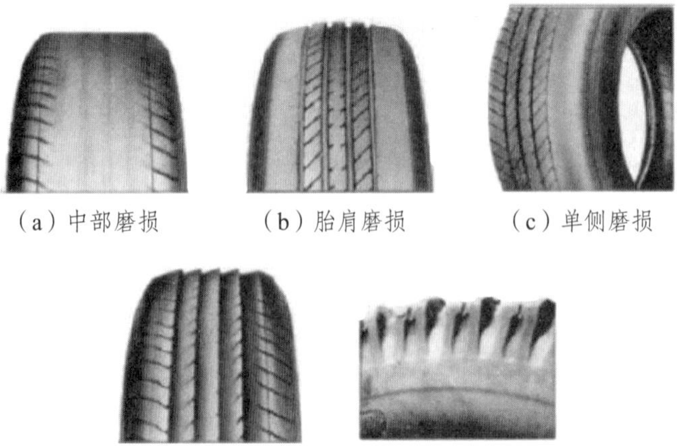

（a）中部磨损　（b）胎肩磨损　（c）单侧磨损

（d）羽状磨损　（e）环状槽形磨损

图 1-52　常见的轮胎不正常磨损

（5）车轮的平衡。车轮是由轮胎、轮毂组成的一个整体，但由于制造层面的原因，使这个整体各部分的质量分布不可能非常均匀。当汽车车轮高速旋转起来后，就会形成动不平衡状态，造成车辆在行驶中车轮抖动、转向盘振动的现象。为了避免这种现象或消除已发生的这种现象，要在车轮上增加配重，使车轮达到平衡（见图 1-53）。

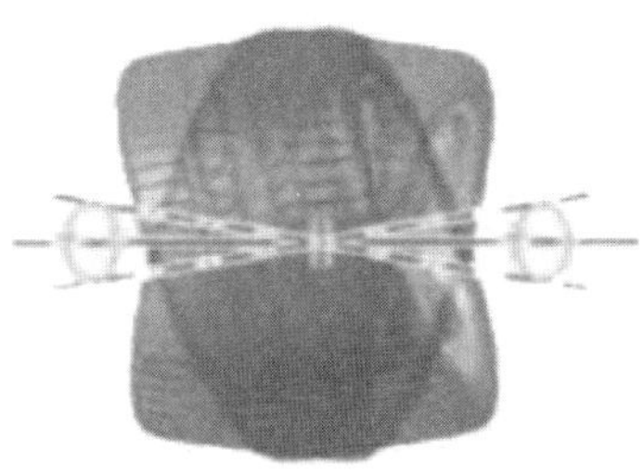

（a）车轮静态不平衡　　（b）车轮动态不平衡

图 1-53　轮胎静态、动态不平衡

（二）轮胎气压调整

1. 调整轮胎气压的原因

轮胎的气压是决定轮胎使用寿命和工作好坏的重要因素。当轮胎气压过低时，造成胎侧变形加大，胎冠部向内凸起，胎面接地面积增大，使胎肩部位磨损加剧，还会使轮胎滚动阻力增大，燃料消耗增加。如轮胎气压过高，轮胎内部压力增加，接地面积减小，使轮胎的胎冠部位向外凸起，造成胎冠磨损加剧；轮胎气压太低油耗会升高，且车辆行驶动力下降，路感偏差。胎压太高时舒适性降低，油耗降低，起步转弯响应灵敏，路感清晰，但是制动性能略有影响（见图 1-54）。

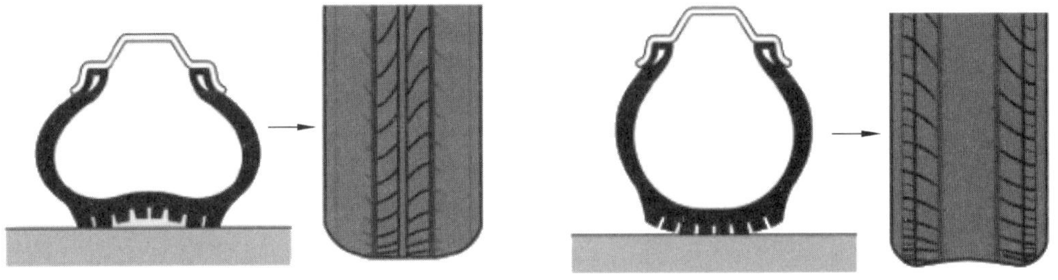

（a）充气不足　　（b）胎肩磨损　　（c）充气压力过高　　（d）胎面中心磨损

图 1-54　轮胎气压过高、过低的影响

定期检测轮胎气压，查阅轮胎标准气压（查看车门柱标贴或《修理手册》），如不符合要求，需进行充放气作业。

2. 调整方法

作业时，将轮胎气压表连接气源，再将测量口接至轮胎气门芯，读出气压值，如偏低，则控制充气把手，进行适当充气至标准气压；如偏高，控制放气按钮，进行适当放气至标准气压（见图 1-55）。

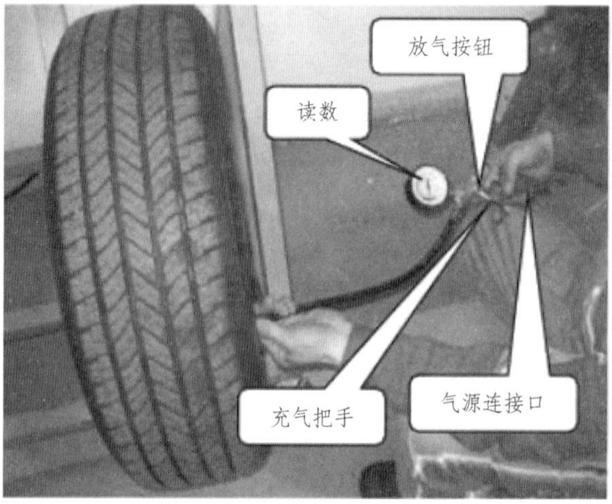

图 1-55　轮胎气压调整

注意：不同车型、不同轮胎的标准气压有所不同；最好在轮胎有载荷的情况下，即车轮着地时进行轮胎气压调整。

3. 轮胎充气注意事项

（1）充气注意安全。

车主随时检查轮胎胎压，也可安装胎压监测系统，可对胎压有一个直观的了解。胎压不足及时补充，在充气时要控制充气量，避免因充气过多而造成轮胎爆裂。需要注意一点，充气时轮胎最好处于常温状态。

（2）检查气门嘴。

气门嘴如果出现异常，在充气和量胎压时也会造成不便，需要做好对气门嘴的检查，避免因气门嘴的缺陷影响正常充气。

（3）充气要注意清洁。

充入轮胎的空气需要保证是干净的，尤其注意充入的空气中不能含有水分和油液。空气中含有水分和油液时，会对轮胎内的橡胶有腐蚀作用，从而影响轮胎的使用寿命。

（4）控制充气量。

轮胎的充气量须在规定的范围内，不可超过标准气压，超过标准气压后会使轮胎帘线受损，影响轮胎的使用寿命，行车安全得不到保障。

（5）充气结束后检查气门嘴。

充气结束后检查气门嘴的密封性，避免气门嘴出现漏气现象，可以使用肥皂泡水涂在气门嘴上。如果气门嘴漏气，会产生小气泡，检查气门嘴确保不漏气后，将气门嘴帽拧紧。

（三）轮胎不正常磨损解决方法

为避免以上这些不正常磨损情况的发生，需要注意以下内容：

（1）注意轮胎气压。

气压是轮胎的命门，过高和过低都会缩短它的使用寿命。气压过低，则胎体变形增大，胎侧容易出现裂口，同时产生屈挠运动，导致过度生热，促使橡胶老化，帘布层疲劳、帘线折断。气压过低，还会使轮胎接地面积增大，加速胎肩磨损。气压过高，会使轮胎帘线受到过度的伸张变形，胎体弹性下降，使汽车在行驶中受到的负荷增大，如遇冲击会产生内裂和爆破，同时气压过高还会加速胎冠磨损，并使耐轧性能下降。

（2）定期检查前轮定位。

前轮定位对轮胎的使用寿命影响较大，而尤以前轮前束和前轮外倾为主要因素。前轮外倾，主要会加速胎肩的磨损，即偏磨；前轮前束过小过大，主要是加速轮胎内外侧的磨损。

（3）注意驾驶方式。

司机在行车中除了特殊情况外，要选择良好路面行驶，躲避锋利的石头、玻璃、金属等可能扎破和划伤轮胎的物体，躲避化学遗洒物质对轮胎的黏附、腐蚀。行驶在拱度较大的路面时，要尽量居中行驶，减少一侧轮胎负荷增大，避免轮胎磨损不均。

（4）避免超载。

一般情况下，超载 20%，轮胎寿命减少 30%；超载 40%，轮胎寿命减少 50%。

（5）急速转弯、紧急制动、高速起步以及急加速等都将促使轮胎的损坏，这些均是司机在行车中要避免的。

三、轮胎压力监测和监测系统校准

轮胎压力关系到轮胎的使用寿命和行驶的安全性，很多轮胎的爆胎都是由于轮胎气压过低造成的，所以中级别以上轿车都有胎压监测系统，并在仪表内有胎压警告指示灯，如图 1-56 所示。当某个轮胎气压偏低时，该警告指示灯就会亮起。

图 1-56　胎压警告指示灯

直接式轮胎压力监测系统是利用安装在每一个轮胎里的压力传感器（见图 1-57）通过无线信号直接测量轮胎的气压，并对各轮胎气压进行监控，当轮胎气压太低或有渗漏时，仪表内的警告灯就会亮起。

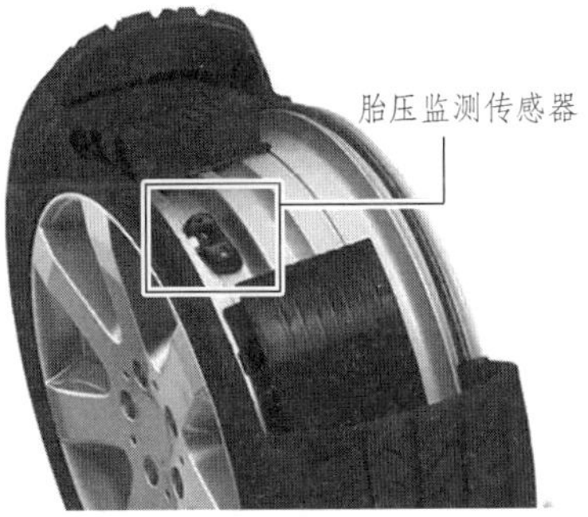

图 1-57　胎压检测传感器位置

四、车轮总成拆装及换位

1. 车轮总成拆装

（1）将汽车开至举升区内，注意汽车与两举升柱距离应尽量相等。调整好举升臂和举升垫块，安放车轮挡块。

（2）用预制式扭力扳手等工具先预松轮胎螺栓，注意以对角线方向进行预松（见图 1-58）。

图 1-58 预松轮胎螺栓顺序

（3）车辆稍微举起一段高度，当车轮离地大约 10 cm 时停止，并检查车辆是否举升平稳，确认平稳后，锁止举升机。

（4）使用扳手拆下车轮固定螺栓，注意对角拆卸螺栓，在拆最后一颗螺栓时，需用手扶着车轮。

（5）双手托住车轮，缓缓卸下车轮，注意不要发出刮擦声。

（6）安装车轮总成的方法与拆卸车轮总成的方法相反。

2. 车轮换位

使用同一规格的对称花纹或不对称花纹轮胎的车辆，按图 1-59 所示调换轮胎。

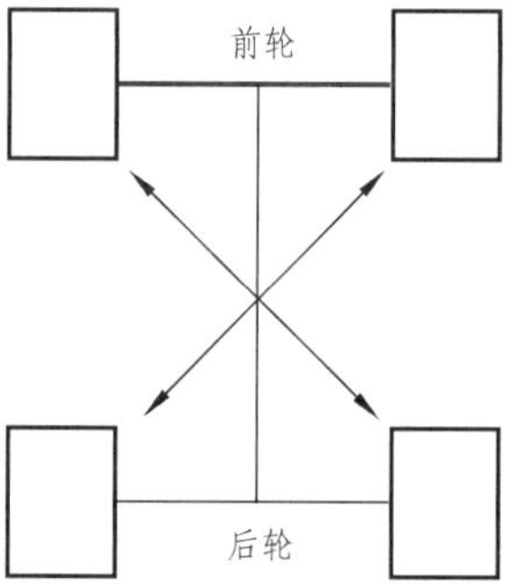

图 1-59 车轮换位

使用同一规格的方向性花纹轮胎的车辆，按图 1-60 所示调换轮胎。

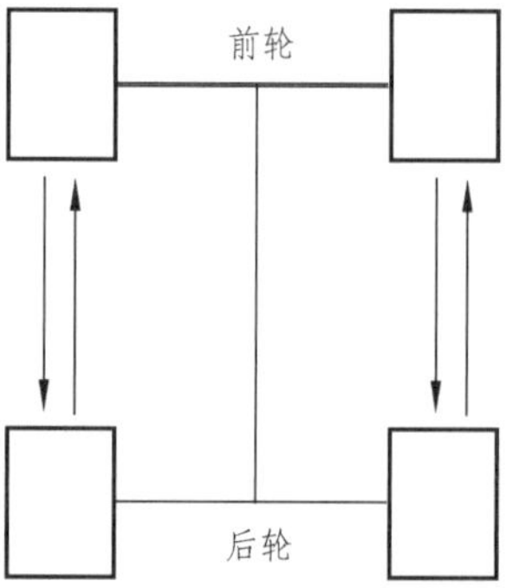

图 1-60 车轮换位

拆装方法：拆卸轮胎时，一人手扶轮胎，另一人用快速扳手对角拧松并拆卸轮胎；紧固轮胎时，一人辅助，另一人用快速扳手对角拧紧两边轮胎螺栓。建议轮胎更换里程：8 000 ~ 10 000 km。

五、车轮检查

（1）检查胎面和胎侧是否有异常磨损、裂纹、鼓包或嵌入金属、异物等。

（2）检查轮辋是否存在变形、裂纹或腐蚀等情况（见图 1-61）。

（3）用轮胎花纹深度尺测量轮胎花纹深度（见图 1-62）。

（4）拆下气嘴防尘帽。

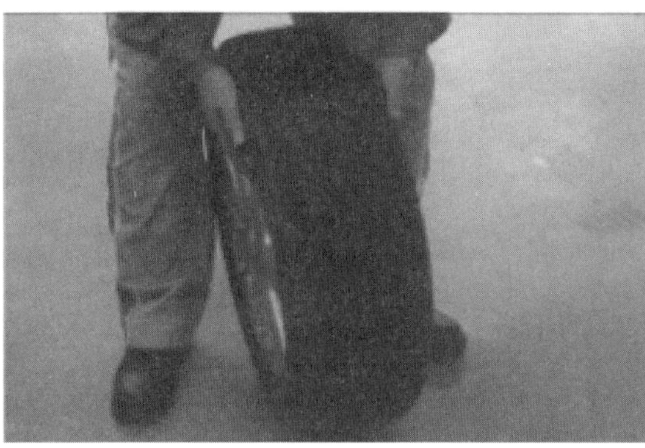

图 1-61　检查轮辋是否变形

图 1-62　检查轮胎花纹深度

（5）用轮胎气压表测量轮胎气压，并与维修手册或门框上的标准值对照，看是否需要调整气压。

（6）用肥皂水检查气门嘴是否漏气。

（7）用抹布清洁肥皂水，并拧好气嘴防尘帽（见图 1-63）。

图 1-63　拧紧防尘帽

六、轮胎修补方法

（1）先将轮胎被扎破的创口找到，并拔出刺破轮胎的异物（见图 1-64）。

（2）用打磨机打磨轮胎的气密层，使气密层变得粗糙，冷补胶片更易黏合在上面（见图 1-65）。

图 1-64　找到创口

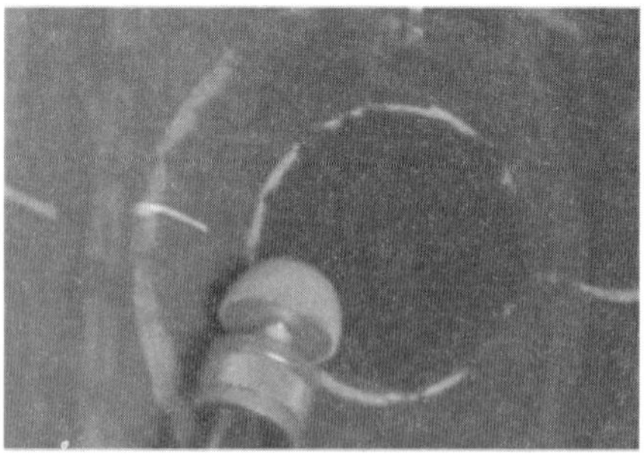

图 1-65　打磨轮胎气密层

（3）在打磨的区域涂上冷补胶水并稍微烘干（见图 1-66）。

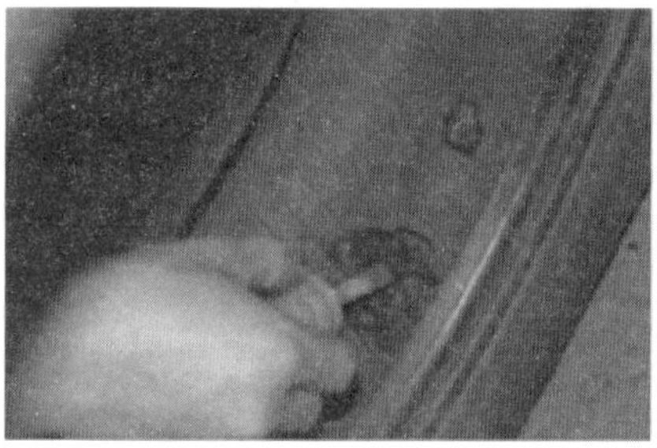

图 1-66　涂抹冷补胶水

（4）贴上冷补胶片并用滚轮在胶片上来回滚压，使冷补胶片和气密层黏合得更紧密。

七、轮胎更换

1. 轮胎拆卸

（1）用气压表将轮胎内的气放干净（见图 1-67）。

（2）用气嘴拆卸专用工具拆下气门嘴芯。

（3）将轮胎放到如图 1-68 所示的位置，并踩下轮胎挤压臂踏板，使轮胎和轮辋分离。

（4）松开轮胎挤压臂踏板，转动轮胎约 180°再次挤压，然后翻转轮胎挤压另一面，直到轮胎与轮辋彻底分离。

图 1-67　释放轮胎压力

图 1-68　轮胎放置位置

（5）将轮辋放在卡盘上，踩下张开盘的卡爪踏板，锁住轮辋。

（6）用毛刷在轮胎内圈抹上润滑膏。

（7）踩下摆动臂踏板，放下摆动臂，并压下拆装臂，使卡头内沿与轮辋边缘留有少许间隙。

（8）用撬棍将轮胎撬起。踩下转换踏板使卡盘旋转，将一侧轮胎扒出（见图 1-69）。

（9）将轮胎稍许抬起，再用上一步的方法将轮胎另一侧扒出。

（10）踩下摆动臂踏板，收起摆动臂，取下轮胎。

图 1-69　使用撬棍撬起轮胎并搭在爪上

2. 安装轮胎

（1）用毛刷在轮胎的密封面上涂一层润滑膏。

（2）将轮胎放到轮辋上，踩下摆动臂踏板，放下摆动臂，并压下拆装臂，使卡头内沿与轮辋边缘留有少许间隙。

（3）将轮胎下侧密封面搭到爪头上。踩下转换踏板使卡盘旋转，将一侧轮胎旋转装入（见图 1-70）。

（4）将轮胎上侧密封面搭到爪头上。踩下转换踏板使卡盘旋转，将另一侧轮胎旋转装入（见图 1-71）。

（5）用气压表向车轮充入适量的压缩空气，充气完成后检查气嘴是否漏气。

图 1-70　将轮胎下侧密封面搭到爪头上

图 1-71　将轮胎上侧密封面搭到爪头上

八、轮胎动平衡

1. 车轮动平衡

轮胎平衡分为动态平衡和静态平衡两种。动态不平衡会使车轮摇摆，使轮胎产生波浪形磨损；静态不平衡会产生颠簸和跳动现象，使轮胎产生平斑现象。

汽车车轮是由轮胎、轮毂组成的一个整体。但由于制造层面的原因，使其整体各部分质量分布不可能非常均匀。当汽车车轮高速旋转起来后，就会形成动不平衡状态，造成车辆在行驶中车轮抖动、方向盘振动的现象。

为了避免这种现象或消除已发生的这种现象，要使车轮在动态情况下通过增加配重的方法，使车轮校正各边缘部分的平衡。这个校正的过程即人们常说的动平衡。

2. 车轮动平衡的影响

如果车轮在滚动时不是平衡状态，驾驶时能够明显感觉到车轮跳动，特别是车辆行驶在某一速度时会产生共振，造成方向盘抖动。

另外，车轮不平衡对车辆本身也有一定损伤。如果车轮失衡比较严重，会造成轴承劳损，缩短轴承的使用寿命。同时失衡比较严重时，轮胎也可能因为不正常的横向摆动而产生偏磨现象，影响轮胎的寿命。

3. 动平衡作业条件

一般来说，只要完成轮胎与轮圈重新组装过，比如更换轮圈、更换轮胎、补胎、加装胎压监测模块、更换不同材质的气门嘴等，都需要对动平衡进行调整。

4. 车轮做动平衡的方法

（1）检查轮胎气压，并加注到标准值。

（2）拆下轮胎旧的平衡块。

（3）选用合适轴套，将车轮安装在动平衡机上并固定（见图 1-72）。

（4）打开轮胎动平衡机电源。

（5）拉出测量尺，测量轮胎边距，读出数据并输入动平衡机（见图 1-73）。

图 1-72　安装车轮并锁紧

图 1-73　测量参数

（6）用轮胎宽度测量尺，测量车轮轮辋宽度，读出数据并输入动平衡机（见图 1-74）。

（7）查看轮胎侧的轮辋直径，并输入动平衡机（见图 1-75）。

图 1-74　测量轮辋宽度

图 1-75　输入轮辋直径

（8）确认安全后，放下安全罩，轮胎在动平衡机上转动，停止转动后，查看车轮两侧的动不平衡量数据。

（9）转动车轮到达外侧的不平衡点，此时该不平衡点指示灯亮。

（10）在轮辋外侧 12 点位置，根据轮辋的材质和检测到的不平衡量，选择安装合适材质和质量的配重块。

（11）按相同方式安装车轮内侧配重块。

（12）重新进行车轮动平衡检测，检查不平衡量是否达到要求（见图 1-76）。

（13）如果仍存在不平衡，则需要去掉已安装好的配重块，重新进行检测和配重块安装，直至不平衡量为零，最后取下轮胎。

图 1-76　盖上护罩进行检测

项目二　转向系统部件检查与保养

任务一　动力液压系统检查保养

知识目标

- ◆ 1. 了解液压动力系统的工作原理；
- ◆ 2. 掌握液压动力系统的作用及组成。

技能目标

- ◆ 1. 能进行转向液压系统泄漏检查；
- ◆ 2. 能进行转向油油位和油质检查；
- ◆ 3. 能进行转向油液及油管的更换；
- ◆ 4. 能进行液压动力转向系统放气操作；
- ◆ 5. 能对转向助力泵皮带进行张紧度检查。

一、液压动力转向系统

（一）液压动力转向系统概述

液压动力转向系统是在机械转向系统的基础上增加了一套液压泵、控制助力阀等装置。液压助力转向系统靠发动机驱动油泵，油泵将发动机输出的机械能转化为压力能，在驾驶员的控制下对转向器或传动装置发力，从而实现动力转向。

（二）液压助力转向系统的组成

液压助力转向系统由储油罐、油管、转向助力泵、动力转向器及转向控制阀等组成（见图 2-1）。

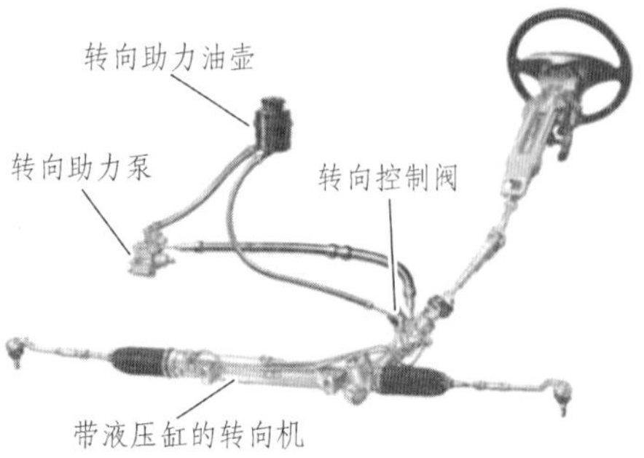

图 2-1　液压助力转向系统

（1）储油罐的作用是储存、滤清并冷却液压助力转向系统的工作油液。

（2）转向助力泵（见图 2-2）是汽车液压动力转向系统当中产生油压的动力装置。它安装在发动机上，通过发动机皮带进行动力驱动（见图 2-3）。

图 2-2　转向助力泵

图 2-3　安装位置

转向助力泵是液压动力转向系统的动力源，它通过发动机作为传动介质，将机械能转换为液压能，转向器通过油泵输出的液压油把液压能转换成机械能，从而起到减轻驾驶员操作强度、提高整车可操纵性能的作用。在汽车低速或停车时，得到油压轻松实现转向操作。在汽车高速行驶时，通过流量控制阀控制转向系统流量，保证车辆高速行驶时驾驶员的转向手感。

① 转向助力泵的分类。

转向助力泵按照结构形式不同可分为叶片式、齿轮式、转子式、柱塞式几种形式。叶片泵又可分为单作用叶片泵和双作用叶片泵两种。转子每旋转一周每个工作腔都各自吸、压油一次的叶片泵称为单作用式叶片泵；转子每旋转一周每个工作腔都各自吸、压油两次的叶片泵称为双作用式叶片泵。目前汽车上最常见的转向助力泵为双作用式叶片泵。双作用叶片泵主要由定子、转子、叶片、泵体及后盖等组成（见图 2-4）。

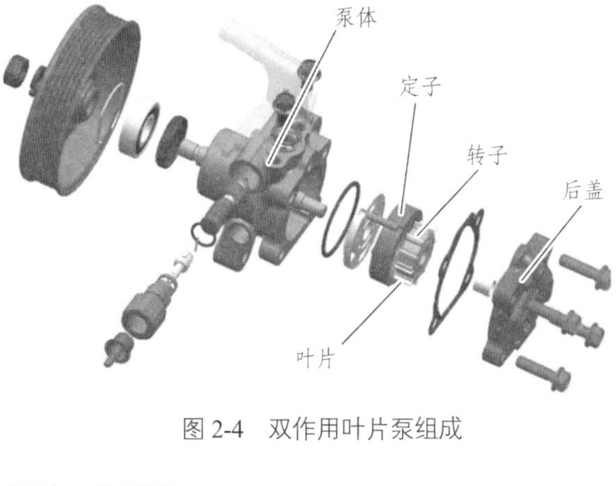

图 2-4　双作用叶片泵组成

② 双作用叶片泵的工作原理。

转向助力泵泵体内装有流量控制阀和安全阀，当泵工作时，滑阀有一定开度使流量达到规定要求，多余的流量又回到泵的吸油腔内。若油路发生堵塞或意外事故，使系统压力超过泵的最大工作压力时安全阀打开，滑阀全部开启，所有压力油均回到吸油腔，对系统起安全保护作用。

当转子顺时针方向旋转时，叶片在离心力及高压油的作用下紧贴在定子的内表面上，其工作容积开始由小变大，从吸油口吸进油液；而后工作容积由大变小，压缩油液经压油口向外供油。由于转子每旋转一周每个工作腔都各自吸、压油两次，故将这种形式的叶片泵称为双作用式叶片泵（见图 2-5）。双作用叶片泵有两个吸油区和两个压油区，并且各自的中心角是对称的，所以作用在转子上的油压作用力互相平衡。因此，这种油泵也称为卸荷式叶片泵。

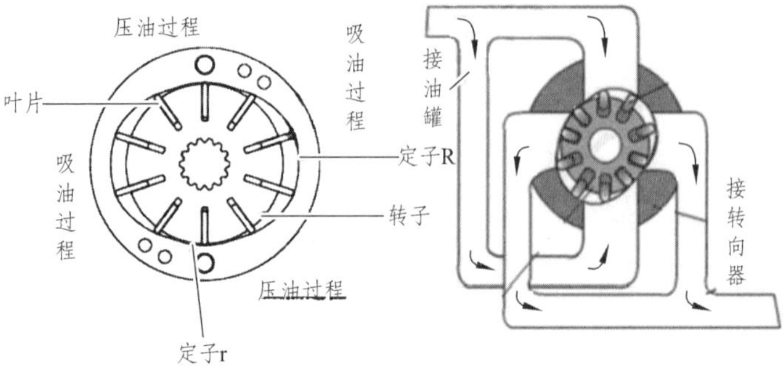

图 2-5　双作用式叶片泵工作原理

（3）动力转向器主要由液压缸、补偿机构、主动齿轮、密封圈、转向齿条等组成（见图 2-6）。

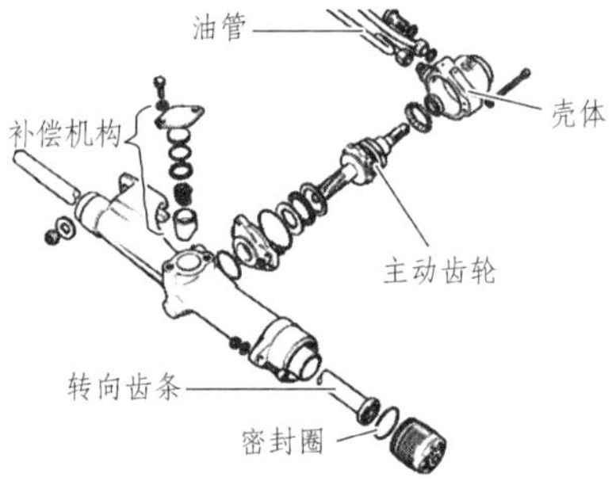

图 2-6　动力转向器的组成

整体式动力转向器由转阀、齿轮齿条式转向器和转向动力缸组成。转向动力缸的助力直接作用在齿条上，齿条的动力由一端输出（见图 2-7）。

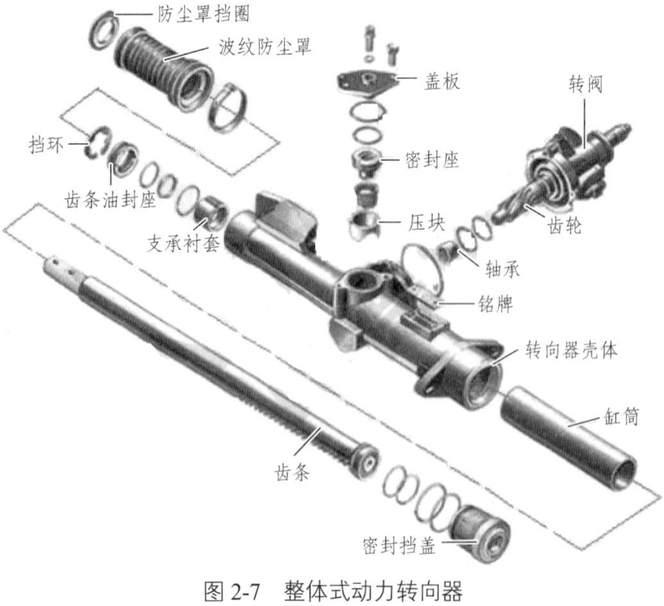

图 2-7　整体式动力转向器

（三）液压助力转向系统的转向控制阀

滑阀式转向控制阀阀体沿轴向移动来控制油液流量的转向控制阀，称为滑阀式转向控制阀，简称滑阀。滑阀分为常流式滑阀和常压式滑阀两种（见图 2-8）。

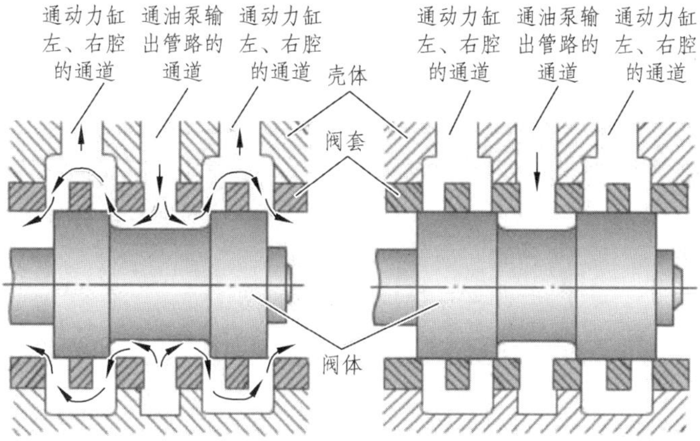

图 2-8　常流式滑阀和常压式滑阀的结构

阀体绕其轴线转动来控制油液流量的转向控制阀，称为转阀式转向控制阀，简称转阀。

二、转向液压系统泄漏检查

液压油在整个液压系统中，承担的是传递液压能的任务，而且在这个过程中，需要承受很大的压力，密封系统就是为了保持整个系统的压力而设计的。一旦发生泄漏，压力也会削减，最终导致某个部件的动作缓慢，或者无法动作。因此，做好转向液压系统的泄漏检查尤为重要。

启动发动机，保持发动机怠速运转，转动方向盘至极限位置并保持，此时液压动力转向系统中油压最高，便于发现泄漏部位。

（1）检查动力转向泵处是否存在渗漏（见图 2-9）。

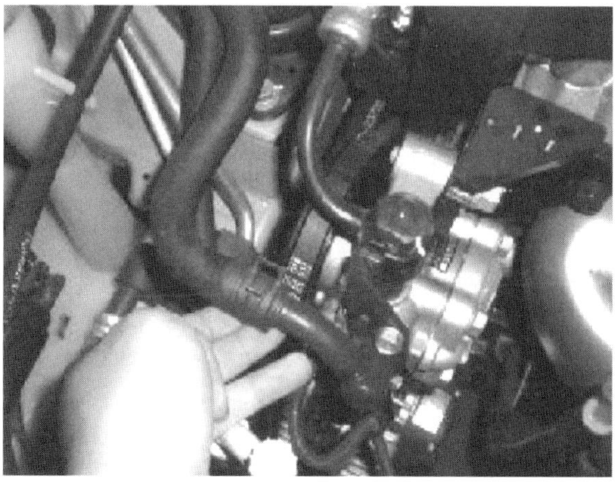

图 2-9　检查动力转向泵处是否存在渗漏

（2）检查转向器处是否存在渗漏（见图 2-10）。

图 2-10　检查转向器处是否存在渗漏

（3）检查液体管路和各连接点处（动力转向泵及各管接头，储液罐及各管路连接部位等）是否有渗漏情况（见图 2-11）。

图 2-11　检查连接处是否有渗漏

（4）检查各软管是否有裂纹、老化或其他损坏（见图 2-12）。

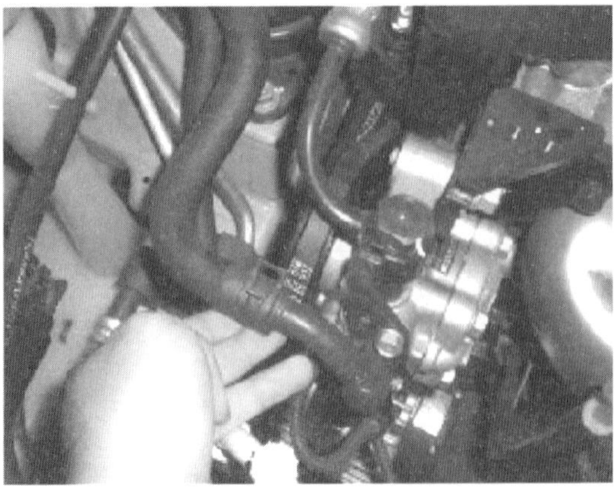

图 2-12　检查各软管是否损坏

（5）检查动力转向器处的波纹管是否有裂纹或破损情况。

举升车辆至适当位置，检查动力转向器处的波纹管是否有裂纹或破损情况，是否存在润滑脂或机油渗漏。如果上述地方存在渗漏，应更换相关零部件和密封圈。

三、转向助力油

1. 转向助力油的作用及选用原则

1）转向助力油作用

转向助力油是汽车转向助力泵中使用的一种特殊液体，通过液压作用，可使方向盘变得非常轻巧，与自动变速器油液、制动油液以及减振油液类似。

2）转向助力油选用原则

转向助力油选用原则为同规格、同型号转向助力油。主要有生产厂商规定的转向助力油、石油公司生产的品牌油、其他类型相似的液压油，如图 2-13 所示。

3）助力转向油更换周期

一般建议，为防止转向助力油过脏或变质，2 年或 3 万千米更换一次转向助力油。

（a）生产厂商规定的转向助力油　（b）石油公司生产的品牌油　（c）其他类型相似的液压油

图 2-13　转向助力油

2. 转向助力油油位和油质检查

1）检查转向助力油油位

转向助力油液位应位于储液壶或储液壶盖上的刻度 MAX 与 MIN 之间，超出或不足都需要进行调整。

2）检查转向助力油油质

与新的转向助力油对比，如发现油液变稀或油的颜色变黑，说明油液已经变质，需要更换转向助力油。

四、液压动力转向系统放气

使用动力转向油补充液位至储液罐 MAX 标记位置，将车举升至一定高度，通过快速将点火开关从 ON 位置转到 START 位置，但不启动发动机，从左极限位置到右极限位置转动方向盘 5～6 次，持续 15 s 左右。然后启动发动机并保持方向盘转动从左侧锁止至右侧锁止位置，直到发动机怠速状态下储液罐内停止出现气泡为止，排气过程结束。如果液位低于规定要求，则应添加动力转向油。

五、转向油液的更换

1. 转向油液的排放

将车辆举升至合适高度使前轮离开地面，并挂上保险。打开助力油壶盖，使用抽油机抽取油液，同时左右转动方向盘，使转向系统内油液充分排净。

2. 转向油液的加注

向油壶内加注新的助力油，同时左右转动方向盘排除系统内空气。插入尾气排放装置，启动发动机，持续转动方向盘，同时观察油壶内是否存在气泡。无气泡产生，将助力油加注至油壶上限。拧紧油壶盖，再次打开观察油壶盖上油尺位置，然后拧紧油壶盖。

3. 加注或更换转向助力油时的注意事项

（1）转向助力油含有致癌物质，如果沾到皮肤应及时清洗干净。

（2）转向助力油含有腐蚀性，可能导致油漆失去光泽，也会导致橡胶配件老化，如有沾染应及时清洗。

（3）配有液压转向助力系统的汽车，在使用过程中应避免方向打死。

六、转向油管的更换

当拆卸转向油泵压力油管和回油软管时，注意要用容器回收动力转向油，以免造成污染和浪费。

七、转向液压系统的检修

1. 检查驱动皮带

检查转向油泵的传动皮带是否有裂纹、老化、断裂，是否有磨损过度，皮带帘线是否有磨损，皮带牙是否有脱落，皮带的长度是否超过标准等现象，如有以上现象应予更换。

2. 检查转向液

将车辆停在水平的路面上，不启动发动机，根据转向液温度高低对应 HOT 或 COOL 范围查看液面高度，如果转向液不够，则需添加。启动发动机并运转一段时间，反复转动转向盘，转向液温度升高，观察转向液是否有泡沫或乳化情况，如果有，则需更换转向液。

3. 检修转向油泵

以叶片式转向油泵为例。按要求拆下转向油泵并进一步解体，做好装配标记后，拆下转子、皮带盘和转子轴。检查叶片和转子的滑槽表面是否有划痕、烧蚀和疲劳磨损，检查转子与滑槽的配合间隙，检查叶片的高度和厚度，将测量数据与维修手册上的数据对照，超限度的需要更换叶片或更换总成。检查转子和凸轮环的配合间隙，工作表面是否有划痕和疲劳磨损，如果间隙较标准值过大，则需更换总成，因为转子和凸轮环属于非互换性配合。检查皮带轮，如果有缺损或丧失平衡性能，更换皮带轮。测量转向油泵的流量阀弹簧弹力、自然长度以及球阀密封性，如不符合要求，更换流量阀。

八、转向助力泵皮带张紧度检查

1. 张紧度检查方法一

运转发动机使油液上升到正常温度，左右转动转向盘至最大位置，此时驱动皮带负荷最大，如果皮带打滑，说明皮带张紧度不够，应进行紧固处理。

2. 张紧度检查方法二

关闭发动机，用手扳动皮带中间位置应可扳动至45°，如可扳动角度小于45°，说明皮带过紧；如大于45°，说明张紧度不够，两种情况都需要调整。

目前车辆转向助力泵皮带多数能自动进行调整。

任务二　电控液压系统检查保养

知识目标

- 1. 掌握电控液力式助力转向系统的概念；
- 2. 掌握电控液力式助力转向系统的组成；
- 3. 了解电控液力式助力转向系统的工作原理。

技能目标

- 1. 能检测转向盘自由行程；
- 2. 能检测储液罐液面高度；
- 3. 能检测转向系统液压油路密封性；
- 4. 能进行转向部件的检测；
- 5. 能进行转向机总成拆卸。

一、电控液力式助力转向系统

（一）电控液力式助力转向系统（EHPS）简介

由于机械液压助力需要大幅消耗发动机动力，所以人们在机械液压助力的基础上进行改进，开发出了更节省能耗的电子液压助力转向系统。

液压动力转向系统使用发动机的动力来驱动产生液压力的叶轮泵。EHPS 采用电动机驱动叶轮泵产生液压力，从而产生辅助转矩，当转向时减小操纵方向盘所需要的动力。这套系统的转向油泵不再由发动机直接驱动，而是由电动机驱动，并在之前的基础上加装了电控系统，使得转向辅助力的大小不光与转向角度有关，还与车速相关。机械结构上增加了液压反应装置和液流分配阀，新增的电控系统包括车速传感器、电磁阀、转向 ECU 等。

因为该系统减小了发动机载荷，提高了燃油经济性。电动机转速是由电子控制模块根据车辆速度和方向盘转动角度等诸多数据进行控制。但由于需要液压系统和电子控制系统两个系统，因此结构较复杂，成本增加，目前采用的车型较少。

（二）电控液力式助力转向系统（EHPS）的组成

电控液力式助力转向系统主要由转向控制阀、电磁阀、分流阀、转向动力缸、转向液压泵、储油罐、车速传感器和电子控制单元组成（见图 2-14）。

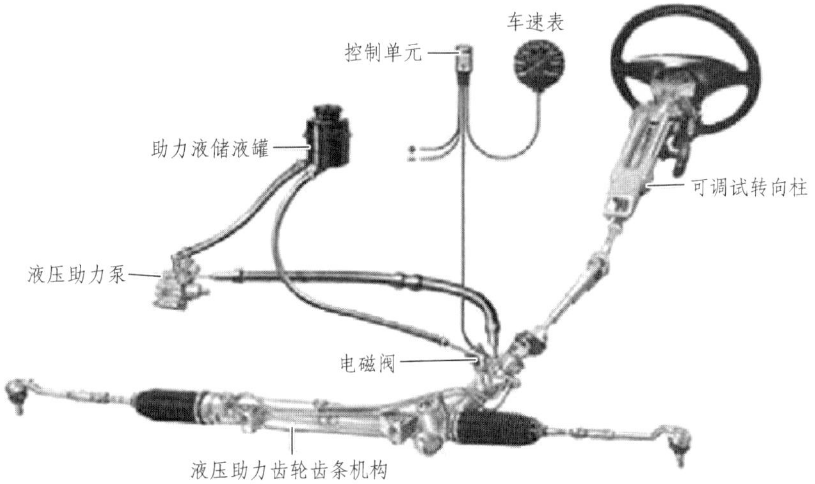

图 2-14　电控液力式助力转向系统

液压泵体内布置有共鸣室和限压阀。共鸣室的作用是降低液压泵的工作噪声，限压阀可以将液压控制在规定的范围内。当电动机转动时，带动机械液压泵驱动液压油流动。在更换液压油或更换助力转向系统部件导致空气进入液压管路时，电控液压助力转向系统需要执行排气程序，否则会导致转向时产生噪声或振动。

（三）电控液力式助力转向系统工作原理

电控液力式助力转向系统（EHPS）的助力原理与传统机械式液压转向助力系统相同，但是增加了电动转向泵，电子泵的启动和关闭由 ECU 控制。在不做转向动作时，电动转向泵关闭，不同于机械液压助力泵通过胶带始终与发动机联动。

电控液力式助力转向系统是通过控制电磁阀的动作，使助力转向液压控制回路的油压能根据车速的变化而变化，即在低速时操纵力减轻，而在中低速以上时操纵力不致过小，保持一定的手感。

二、动力转向系统检测与维修

1. 检测转向盘自由行程

为了掌控转向系统的技术状况，使前轮处于直行位置，将测量仪的刻度盘与指针分别固定在转向轴上，使发动机怠速运转，慢速左、右转动转向盘到略感有阻力（前轮稍感偏转）时，指针在刻度盘上所划过的角度及对应弧长，即为转向盘的自由行程。或在检测台上检测转向盘的自由行程，其行程应小于 35 mm。如大于规定值，须检查相关传动副有无松旷或磨损过甚等情况；检查转向齿轮总成、转向柱、前悬架及前桥有无严重磨损或松动，应视情及时检修。

2. 检测储液罐液面高度

根据车辆的温度情况进行检测，温度处在 50 ~ 80 °C 时，观察储液罐测量尺上的“热”量程；当温度处在 0 ~ 30 °C 时，则观察测量尺上的“冷”量程。油液面应在上、下刻度之间，如液面偏低，应补充与自动变速器相同的 ATF 油液。若遇途中液面过低，影响转向性能时，可用类同的液压油替代，但事后必须清除干净并更换。

3. 检测转向器及配合副联动状况

车辆在平坦干燥的路况上，关闭点火开关，检查静态下左、右转动方向时，转向器及传动副的运动情况。可在转向盘上加力 48 N，检查转向器本体的摆动量，其值应小于 ± 1.9 mm。如摆动量大于极限值，应检查转向器本体支架是否松动，如良好，则减振器不良，应检修或更换。

4. 检测转向系液压油路密封性

（1）检查转向系油路是否有裂纹、渗漏、接头松动、磨损、损坏及锈蚀等情况，如有，应检修或更换。检查方法：使发动机处于怠速或稍高于怠速（950 r/min）条件下运转，待储液罐中的油温升至 55 ~ 75 °C 时，可左、右转动转向盘，并多次检查。

（2）将转向盘在每个锁定位置保持 6 s 左右，但持续时间应小于 14 s，观察转向系液压管路是否泄漏，否则可松开油管接头螺母，再重新紧固。

三、转向系部件检测与维修

1. 检查转向盘与转向柱

（1）拆检转向盘时，将前轮转到正直位置。驾驶员侧安全气囊（SRS）的元件在转向盘中部装饰板内，应谨慎小心，防止意外引爆伤人，且必须在断开电源 15 min 后再实施，且禁止旋转转向柱，因螺旋电缆长度与转动范围是有限的，以免使其折断。

（2）检测部件是否变形，有无裂纹、损坏或松旷，必要时应更换。

2. 检测联动机构的传动副

（1）将下联轴节自转向器上解体之前，应使转向器处于中间位置（车轮处于正前方）。在小齿轮轴和壳体上做配对记号，以保持转向器传动副原有的中间位置。

（2）用溶剂或自动变速器 ATF 油清洁后，检查齿条、轴承、横拉杆、转向器壳体及防尘罩是否有裂纹、变形、磨损过甚等，否则应更换。

3. 检测动力转向泵

（1）动力转向油泵、V 带轮若有损伤或多处泄漏油液、性能变差，应更换或检修。

（2）检查流量控制阀是否卡滞或关闭不严、各零件有无裂纹、变形、损伤及磨损过甚等情况，否则应更换。

任务三　车轮四轮定位调整

知识目标

- 1. 了解四轮定位参数；
- 2. 了解四轮定位常见故障；
- 3. 掌握四轮定位调整的方法。

技能目标

- 1. 能对主销后倾角进行调整；
- 2. 能对主销内倾角进行调整；
- 3. 能对主销外倾角进行调整；
- 4. 能对车轮前束进行调整。

一、四轮定位概述

（一）车轮定位的功用

车轮定位角度是存在于悬架系统和各活动机件间的相对角度，保持正确的车轮定位角度，可确保车辆的直线行驶稳定性及操控性，改善车辆的转向性并确保转向系统回正，避免轴承不当受力而受损，更可确保轮胎与地面紧密接合，减少轮胎不正常磨损，确保转向时的稳定性。不正确的车轮定位角度，还会造成汽车转向不足或转向过度，导致安全事故等（见图 2-15）。

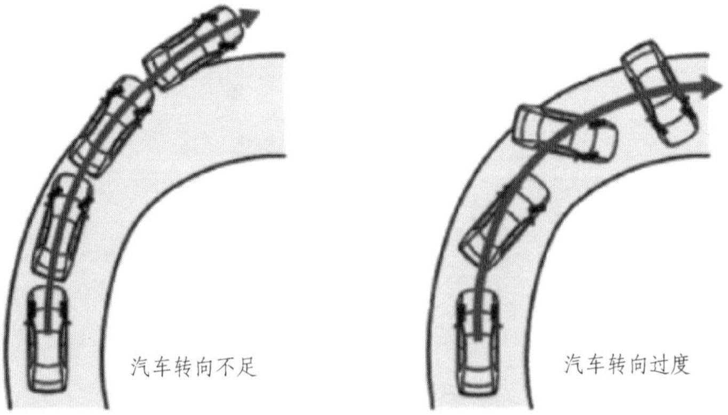

图 2-15　汽车转向不足与转向过度

（二）什么时候进行车轮定位

（1）当车辆出现转向沉重、发抖、跑偏、不能自动回正等现象时应对车轮进行定位。

（2）当驾驶时感觉车辆飘浮、摇摆等不正常行驶感觉或行驶时方向盘不正时应对车轮进行定位。

（3）当轮胎出现不正常的磨损时应对车轮进行定位。

（4）更换汽车悬架或转向系统的零部件后应对车轮进行定位。

（5）车辆前部或后部经碰撞事故维修后应对车轮进行定位。

（6）车辆每行驶 1 年左右，需要对车轮进行定位检查。

（三）车轮定位的内容

为了保证汽车直线行驶的稳定性和转向的轻便性，减少轮胎与其他机件的磨损，转向车轮、转向节和前轴三者与车架的安装应保持一定的相对位置关系，这种安装位置关系称为转向车轮定位，也称前轮定位。对于两端装有主销的转向桥，汽车转向时，转向车轮会围绕主销轴线偏转。但现代轿车采用的断开式转向桥没有主销，如麦弗逊式独立悬架采用减振器代替主销（见图 2-16），减振器的轴线相当于主销轴线。转向轮的定位参数主要有主销后倾、主销内倾、车轮外倾和前轮前束。

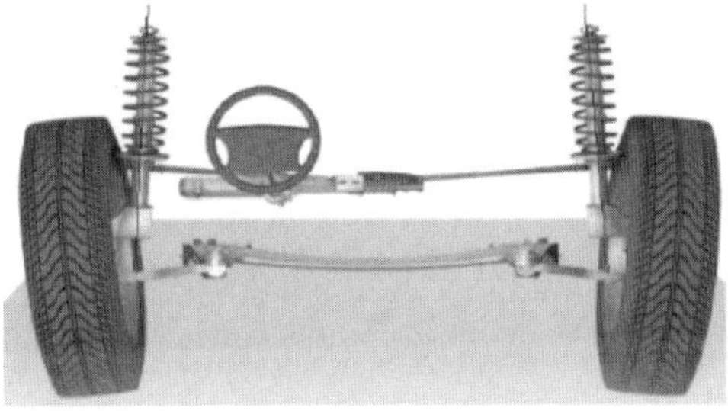

图 2-16　麦弗逊式独立悬架减振器代替主销

1. 主销后倾

从车辆侧面看，主销轴线并不完全垂直于地面，而是略向后倾斜，即主销后倾。主销轴线与地面垂直线之间形成的夹角便是主销后倾角（见图 2-17）。

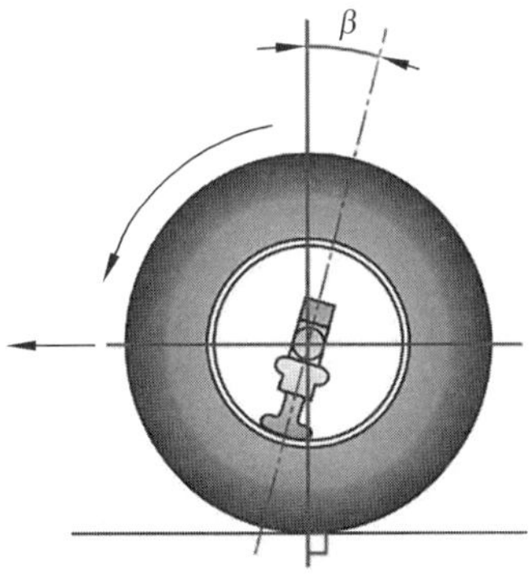

图 2-17　主销后倾角

主销后倾的存在使车轮在转向时，与路面接触的轮胎胎面左右两侧及轮胎侧壁会发生挤压变形，产生反向的作用力，使车轮产生自行回正的趋势，主销后倾角越大，车轮的行驶稳定性越好，回正作用越明显，但是转向时转动方向盘也就越费力。在大多数车辆上，主销后倾角不超过 3°。

2. 主销内倾

从正前方看，车辆主销轴线与地面垂直线也存在一定角度，且上端向内倾斜，这便是主销内倾，主销轴线与垂线间的夹角称为主销内倾角（见图 2-18）。

由于主销内倾角的存在，使得车轮转向时的趋势是车轮整体下移，但由于日常行驶的铺装路面均为硬质路面，因此，转向时，车轮会抵抗重力将车头抬起；而当转向力消失时，车轮便会在重力的作用下自动回正。主销内倾角越大，回正功用越明显，但角度过大也会造成轮胎的过度磨损，这个角度通常在 5°～8°之间。

3. 车轮外倾

从汽车横向平面看，车轮由中心线向外倾斜，称作正车轮外倾；车轮向内倾斜时，称作负车轮外倾。地面垂直线与前（后）轮中心线之间形成的夹角为前（后）轮外倾角（见图 2-19）。

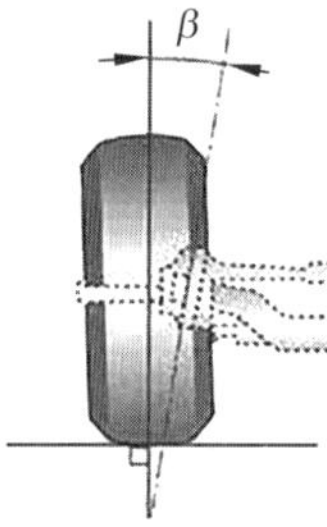

图 2-18　主销内倾角

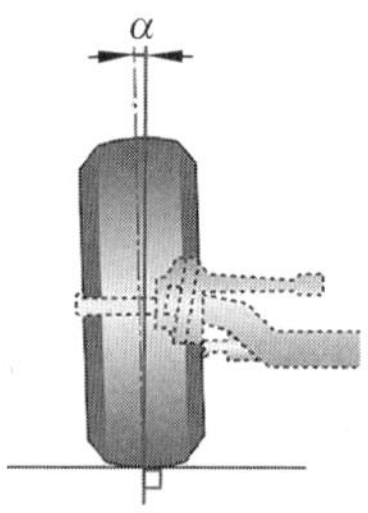

图 2-19　车轮外倾角

车轮外倾的功用是增大轮胎接触面，从而提高转向操纵的轻便性和车轮行驶的安全性。

4. 车轮前束

两个前轮或后轮的前端略向内束，此时前端距离小于后端，这就是前束（见图 2-20）。

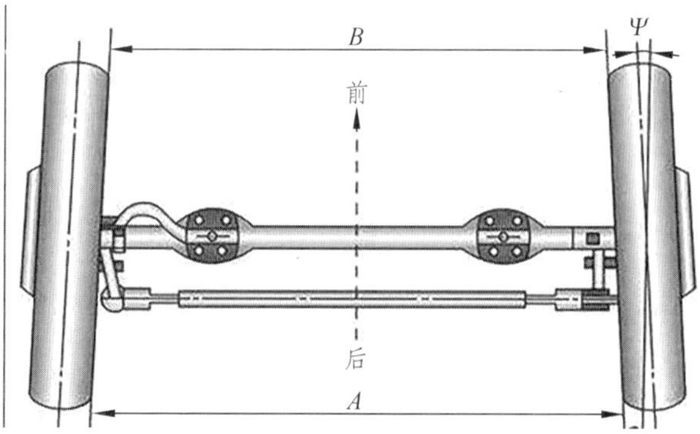

图 2-20　车轮前束

前束的功用是能够抵消因外倾导致的两侧车轮向外张开的状态，使车轮基本能够以无滑动的方式平行向前滚动。

而车轮前端距离大于后端时，称为负前束或前展，这种设定是为了抵消车轮内倾带来的不良影响，同样是为了车轮能够平行地向前滚动。

（四）其他车轮定位参数

1. 推进线与推进角

前轴的中心与后轴中心的连线称为车体中心线（也称车辆几何中心线）。四轮定位仪在测量后轮单侧前束时，是参考车体中心线来测量的。然后通过后轮单侧前束平分点作一直线与后轮中心相交，确定推进线，即：汽车后轮总前束角的平分线，为汽车的推进线。推进线与车体中心线之间的夹角，称作推进角（见图 2-21）。

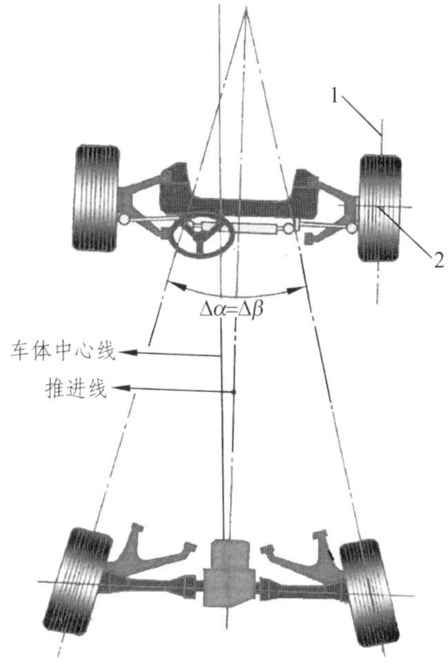

图 2-21　推进线与推进角

2. 包容角

从汽车正前方看，主销轴线和车轮中心线之间的夹角称为包容角（见图 2-22）。它在数值上等于主销内倾角和前轮外倾角之和。如果外倾角为正值，需要加上外倾角；如果外倾角为负值，需要减去外倾角。包容角是一个非常重要的车轮定位诊断参数，可用来诊断悬架系统结构定位失准或悬架组件变形。

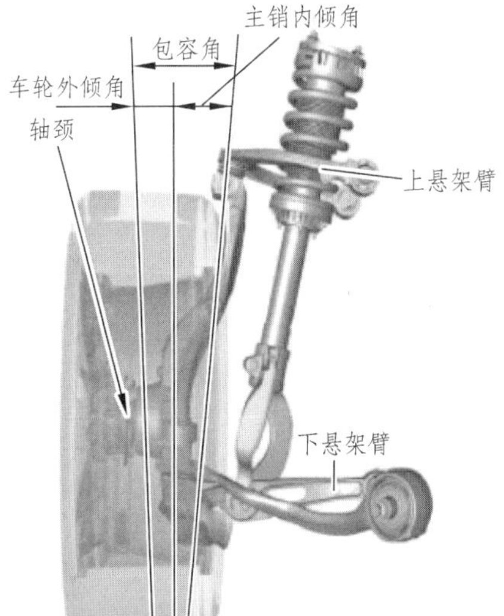

图 2-22　包容角

3. 轴　距

汽车前轴中心到后轴中心的距离称作轴距，如图 2-23 所示，即同一侧前轮中心到后轮中心的距离。轴距偏差，即一侧两轮中心的距离与另一侧两轮中心距离的差值。

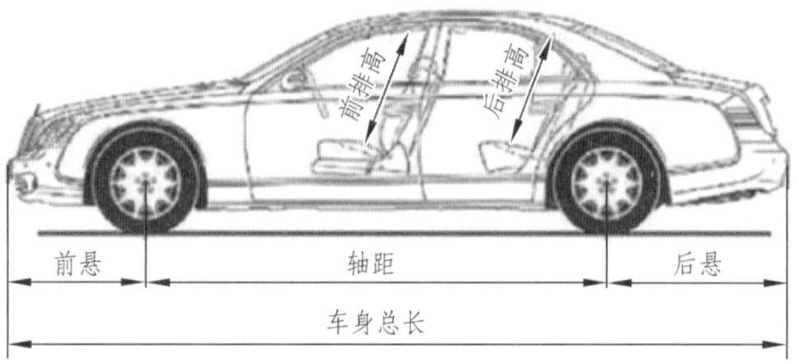

图 2-23　轴距

4. 轮　距

轮距分为前轮的轮距和后轮的轮距。前轮的轮距即两前轮中心的距离，后轮的轮距即两后轮中心的距离，如图 2-24 所示。

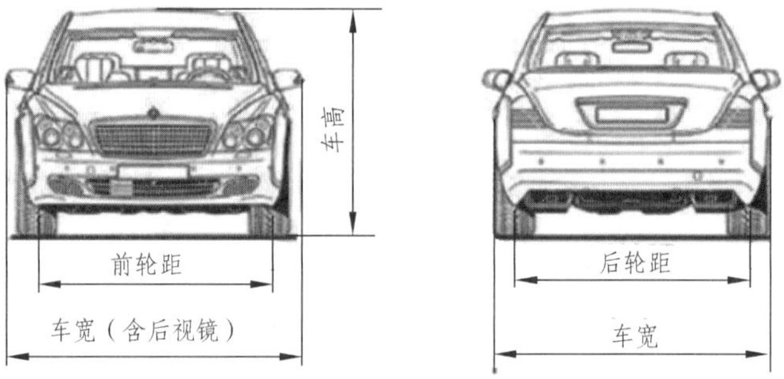

图 2-24　轮距

（五）汽车定位基准参照线

车轮中心线：轮胎与地面接触形成一条直线，垂直于这条线的直线。

车轮接触点：车轮中心线与车轮旋转轴的交点。

推力线（角）：后轴总前束的中心线，是车辆行驶时的推力线，同时也是汽车直线行驶延伸的轴线。

几何中心线：垂直于行驶平面并通过前后轴的轮距中点，也是后轮前束的测量基准（见图 2-25）。

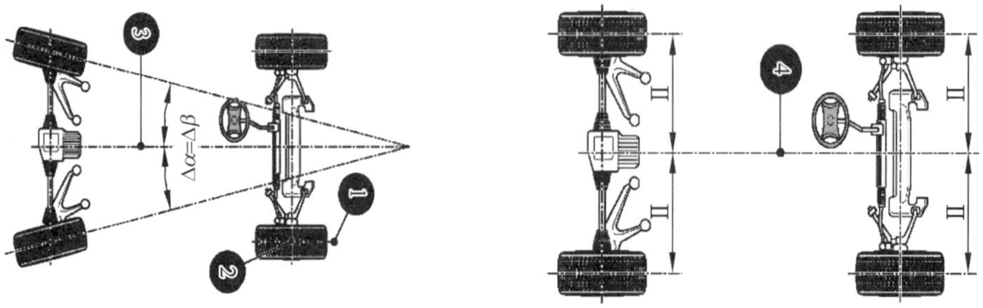

图 2-25　定位基准参考线

（六）四轮定位法

调整后轮外倾角、后轮前束，使推力线与车辆中心线相平行，然后按照推力线调整前轮主销后倾角、车轮外倾角和前轮前束。因中心线与推力线相吻合，四个车轮相互平行。当朝正前方行驶时方向盘即可呈水平，车辆也朝向正前方。

二、四轮定位检查

四轮定位调整时需要使用四轮定位仪。四轮定位仪主要由定位仪主机、四柱举升机和测量探杆组成。

四轮定位产品由上位机和下位机组成。上位机包括箱体、电脑主机、显示器、打印机、主程序软件和通信系统。下位机由传感器、夹具和转角盘组成。CCD 汽车四轮定位仪数据采集部分为四个测量探头。测量探头中的传感器（CCD）分别感应与其相对的测量探头上的红外发射管的光线坐标，经无线发射器传输到机柜中的无线接收器，再经工控机中的 COM 口传输到计算机主机，进行运算与处理，如图 2-26 所示。

图 2-26　四轮定位产品组成

（一）定位前基本检查

（1）安装车轮挡块（后轮）。

（2）检查定位举升机左、右后滑板固定销安装是否到位。

（3）检查定位举升机左、右前转角盘固定销安装是否到位。

（4）检查车辆在举升机上停放是否周正，前轮是否在转角盘中心位置。

（5）打开点火开关，降下左前车窗玻璃。

（6）检查车辆行驶里程和油箱油位，并做好记录，关闭点火开关。提示：如果油箱油位不足，要查询维修手册，查找油箱容积，根据仪表油位显示计算添加配重。使车身承受满油的重量，否则可能造成定位检测角度值不准。

（7）检查乘客舱和行李箱是否有较重的物品，如有应取出。

（8）用轮胎气压表测量轮胎气压，如异常应调整至标准气压（见图 2-27）。

图 2-27　测量轮胎气压

（二）定位前底盘检查

（1）操作举升机大剪上升到高位，落好安全锁并检查落锁是否到位。

（2）检查前悬架的左右减振器是否漏油、螺栓弹簧是否折断、转向节是否损坏、下臂是否损坏、下臂前后衬套是否松动、稳定杆与连接是否松动等。

（3）检查左右转向横拉杆是否弯曲、横拉杆球头是否松动（见图 2-28）。

图 2-28　检查转向横拉杆等

（4）检查后悬架的减振器是否漏油、螺栓弹簧是否折断、拖臂与后桥是否变形或损坏等。

（5）用合适工具检查底盘悬架各部件螺栓是否松动（见图 2-29）。

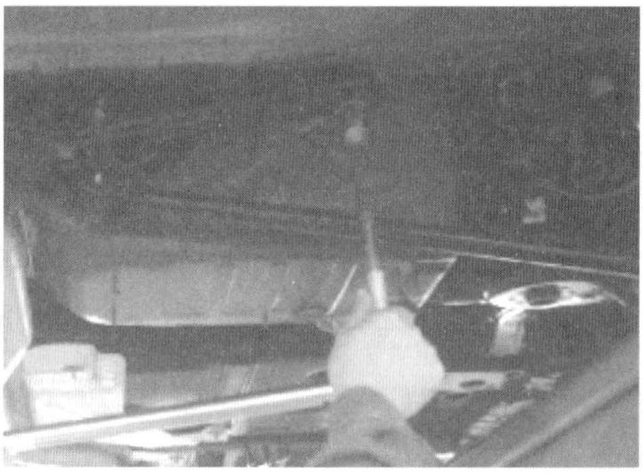

图 2-29　检查底盘悬架各部件螺栓是否松动

（三）定位前车轮检查

（1）操作举升机大剪下降到最低落锁的位置，按下落锁按钮，并检查左右落锁是否到位。

（2）安装 4 个小剪举升机垫块，旋转大/小剪选择开关到小剪位置，操纵举升机小剪完全上升，然后小剪再落锁。

（3）分别上下、左右晃动车轮检查车轮是否松动（见图 2-30），并依次检查 4 个车轮。如果松动，应检查松动原因是车轮轴承损坏，还是悬架损坏，要处理完松动故障才能继续进行定位作业。

（4）分别用手转动 4 个车轮，检查车轮转动是否正常，听车轮轴承是否有异响，制动是否有拖滞。

（5）检查 4 个车轮的轮胎是否裂纹、是否嵌入金属异物、是否偏磨、钢圈是否有碰撞或变形等。

图 2-30 检查车轮是否松动

（6）用轮胎花纹深度尺测量 4 个轮胎的花纹深度，如低于最小值，则建议更换轮胎（见图 2-31）。

（7）检查 4 个车轮的轮胎型号与标准型号（一般在左前门框或右侧 B 柱上有标识）是否一致。

（8）检查前轴两侧轮胎花纹是否相同，检查后轴两侧轮胎花纹是否相同。

图 2-31 测量轮胎花纹深度

（四）定位前复位与车身高度测量

（1）拔下左右后滑板固定销并放到大剪平台上。

（2）拔下左右前转角盘固定销并放到大剪平台上。

（3）操作举升机小剪下降到底。

（4）用双手按压前保险杠中间位置数次，使前悬架复位。

（5）用双手按压后保险杠中间位置数次，使后悬架复位。

（6）选用卷尺测量 4 个车轮位置的车身高度。再对比 4 个位置的差值，如果差值超过 10 mm，则不符合定位要求，需要检查悬架是否有故障（见图 2-32）。

图 2-32 检查悬架是否有故障

（五）定位仪操作与卡具安装

（1）打开定位仪检测程序。

（2）输入车辆 VIN 码。

（3）根据作业车辆品牌与型号，打开车辆使用数据库选择相应车型。

（4）输入轮胎型号、尺寸、胎压、花纹深度等参数。

（5）对应安装 4 个车轮卡具，并锁止牢靠（见图 2-33）。

图 2-33　安装卡具

（六）轮胎偏位检测

（1）操作计算机进入偏位补偿界面，确认四个车轮卡具信号正常，如异常请检查卡具安装是否准确。

（2）释放驻车制动、挡位空挡、移开车轮挡块，根据电脑提示扳动左后车轮使车辆向后移动，直到界面跳转；再扳动左后车轮向前（见图 2-34），直到界面跳转。完毕后安装车轮挡块防止滑移。

图 2-34　扳动左后车轮

（七）定位角度检测

（1）牢靠安装制动踏板锁（见图 2-35）。

图 2-35　安装制动踏板锁

（2）操作计算机进入定位检测界面（见图 2-36）。

（3）根据计算机提示左打方向盘约 20°，再根据计算机提示右打方向盘约 20°，最后根据提示将前轮对中。

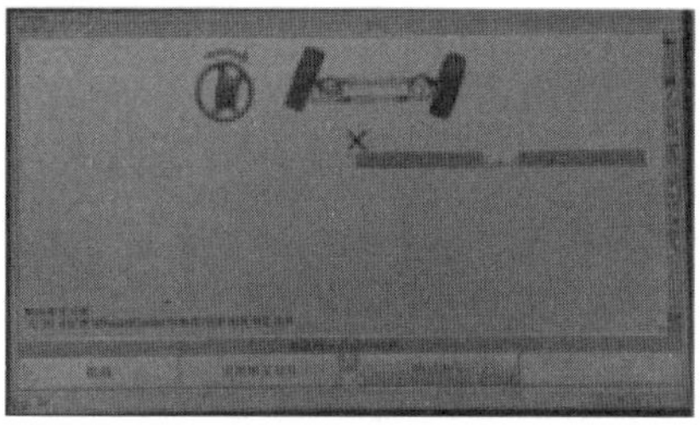

图 2-36　定位检测界面

（4）操作计算机进入最大转向角测量界面，根据提示分别打完左右方向盘。最后根据提示将前轮对中，屏幕显示最大转向角检测值。

（5）操作计算机进入下一步，屏幕显示检测的角度值，红色数据为不合格数据，绿色为合格数据（见图 2-37）。

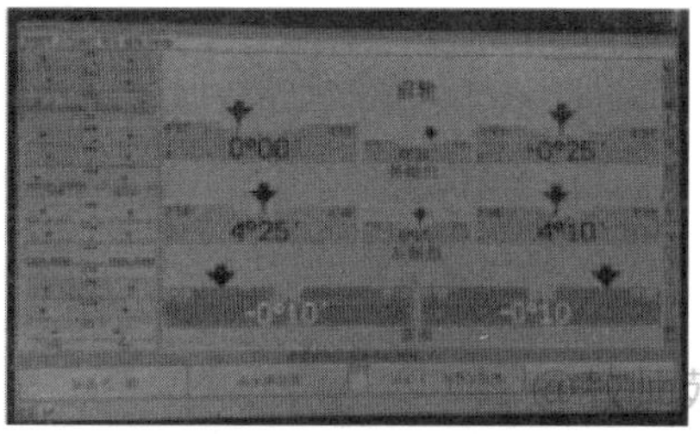

图 2-37　计算机操作页面

（八）前束调整

（1）将方向盘转到正中位置，并用方向盘锁固定方向盘（见图 2-38）。

图 2-38　固定方向盘

（2）操作举升机升到较高位置，并确保举升机安全落锁。

（3）选用合适的扳手松开左、右横拉杆球节锁止螺母，再用扳手分别转动横拉杆（见图2-39）。

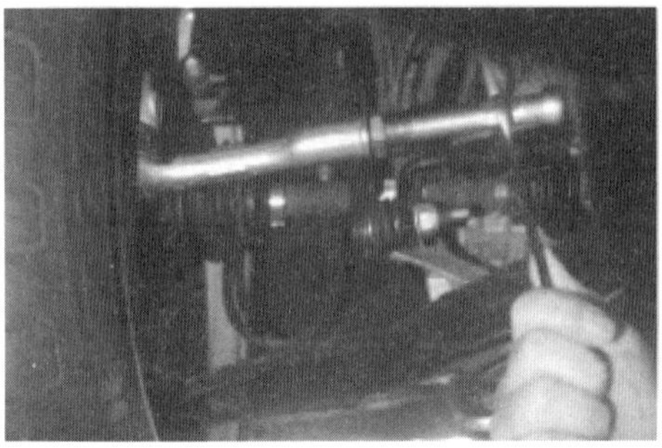

图 2-39　转动横拉杆

（4）用开口扳手转动横拉杆的同时观察屏幕的数值，直到前轮前束值显示成绿色（见图2-40），且左右数值应尽可能相等。

（5）按维修手册规定力矩紧固左、右两边横拉杆锁止螺母。

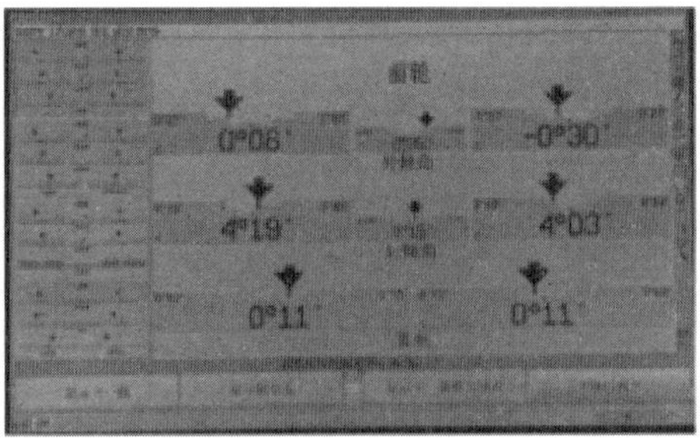

图 2-40　前轮前束值显示成绿色

（九）调整后检测

（1）操作计算机进入调整后检测界面。

（2）根据计算机提示进入方向盘左打 20°及右打 20°，回正方向盘后屏幕显示调整后检测数据。

（3）查看前束值是否正常，如异常应再次进行调整。

（4）保存作业单，打印检测数据。

（十）定位后复位

（1）操作计算机退出定位检测程序。

（2）收起定位仪卡具、刹车锁、方向盘锁。

（3）升起举升机小剪，插入转角盘固定销和后滑板固定销，再下降举升机小剪。

（4）收起车内护套、挡位 P 挡、拉起手刹，关闭车窗。

（5）收起车轮挡块。

（6）清洁车身及作业工位。

三、四轮定位故障

（一）主销后倾角的故障和调整

1. 主销后倾角的故障

主销后倾角失准后，将出现两种类型的故障：一是转向沉重，主要是由主销后倾角过大所致；二是汽车行驶不稳定，路面稍有冲击就会使汽车向一侧倾斜，驾驶员必须时刻用方向盘校正方向，才能维持直线形式，这主要是主销后倾角过小，车轮自动回正力矩不足所致。

2. 主销后倾角的调整

主销后倾角需通过改变悬架系统实现。对于非独立悬架结构而言，车轴左右两端的转向节主销孔并不存在后倾角度，而主销后倾角是在悬架安装后由结构尺寸所保证。因此，当主销后倾角不符合规定时，在钢板弹簧下部与主轴的接触面之间垫以不同厚度的楔形铁片来调整。当楔形铁片由后向前插入时，车轴整体将向后转动一定角度，使车轴左右两端的转向节主销后倾角加大；当楔形铁片由前向后插入时，主销后倾角将减小。

（二）主销内倾角的故障和调整

1. 主销内倾角的故障

主销内倾角失准后，如主销内倾角过小，会使汽车行驶稳定性变差，不宜保持直线行驶，方向盘操纵频繁，而且转向沉重。

2. 主销内倾角的调整

主销内倾角的保证，对于不同的悬架其方式不同，非独立悬架的车轴左右两端的转向节主销孔有固定的内倾角度值。因此，内倾角不符合规定时，须对前轴进行校正。对于独立悬架的汽车，主销内倾角与车轮外倾角可通过调整摇臂长度来实现。调整主销后倾角，可通过转动上摆臂轴来实现。而车轮外倾角则由加在上摆臂轴与固定支架之间的垫片来调整。独立悬架的主销内倾角和车轮外倾角由转向节的结构确定，因此调整过车轮外倾角后，主销内倾角也就确定下来，无须另做调整。

（三）车轮外倾角的故障和调整

1. 车轮外倾角的故障

车轮外倾角过大、过小都会加剧轮胎的偏磨损。外倾角过大，轮胎外侧偏磨损严重，外倾角过小，轮胎内侧偏磨损增加。车轮外倾角过小还会引起转向沉重。

2. 车轮外倾角的调整

当车轮外倾角不符合规定时，须检查轮毂轴承是否松旷、转向节铜套是否磨损和转向节轴是否变形等，根据故障情况可予修复或更换。

（四）车轮前束的故障与调整

1. 车轮前束的故障

车轮前束失准时，过大或过小都将引起轮胎偏磨损，影响轮胎使用寿命。前束过大，车轮外侧磨损严重；前束过小，车轮内侧磨损加快。

2. 车轮前束的调整

车轮前束值的大小，对于非独立悬架结构可通过改变转向梯形机构的横拉杆长度来实现。调整时，须先松开横拉杆长度锁紧螺母，然后用管钳转动调整螺母套管，该套管左右两端螺旋线方向相反，转动时可使横拉杆向两端伸长或缩短依次来调节横拉杆的长度。对于独立悬架式前轮前束其调整方法取决于结构形式，一般来说，光用尺子量是不够准确的，往往会造成总前束值满足要求，但单边前束无法达到标准，从而导致故障无法排除。

任务四　电控转向功能检查

知识目标

- 1. 掌握电控转向系统的组成；
- 2. 了解故障码与数据流的读取方法。

技能目标

- 1. 能进行故障码与数据流读取；
- 2. 能进行转矩传感器零点校正；
- 3. 能进行转向行程检查。

一、电控转向系统

（一）组　成

电动式电控动力转向系统简称 EPS，它以直流电动机作为助力源，电子控制单元根据车速和转向参数控制电动机的电流强度，调节电动机工作转矩，进而控制转向助力的强度。

电动式电控动力转向系统主要由转矩传感器、电动式电控动力转向控制模块（EPSECU）、直流马达与减速机构和故障指示灯等组成（见图 2-41）。

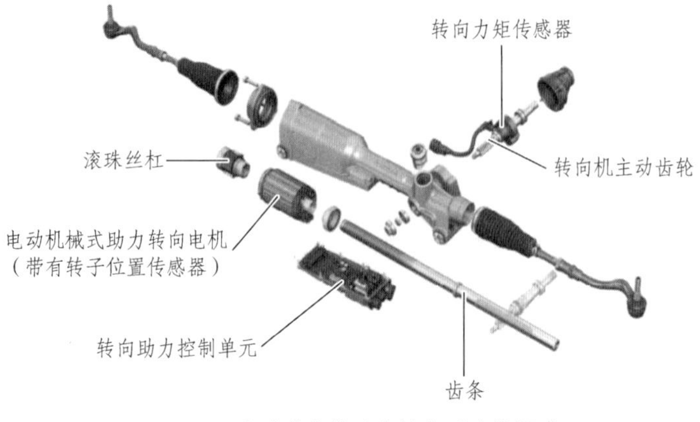

图 2-41　电动式电控动力转向系统的组成

1. 转矩传感器简介

转矩传感器（见图 2-42）是电控动力转向系统的重要组成元件之一，用来测量驾驶员作用在方向盘上力矩的大小和方向，并将其转换为电信号，动力转向 ECU 接收此信号及车速信号，决定辅助动力的方向和大小，从而在低速行驶时控制转向力矩变小；在高速行驶时控制转向力矩适度增大。部分转矩传感器还能够测量方向盘转角的大小和方向。

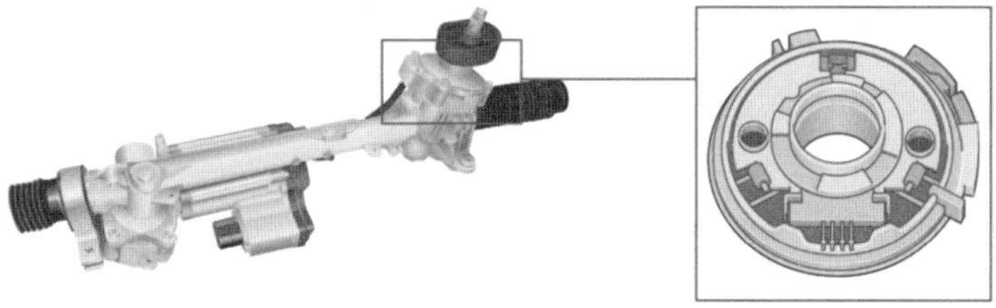

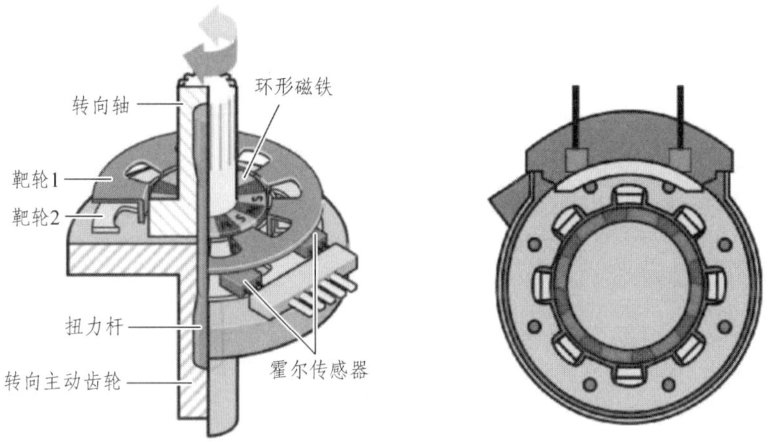

图 2-42　转矩传感器

扭矩测量系统比较复杂且成本高，很多元件都是集成在一起，如丰田车系就把转向电动机、转矩传感器和转向柱集成到一起构成转向柱总成，这样使转向控制更精确、更可靠。

转矩传感器一般与直流马达制作成为一体，当驾驶员操作方向盘时，转向时的转矩通过转向主轴把转向转矩施加到转矩传感器输入轴上。转矩传感器检测到扭转杆扭转变形，并把与扭转杆扭转成正比的信号电压输出到电子控制模块。根据这个信号，电子控制模块计算出当前车速下马达的辅助转矩并驱动马达。

2. 电动式电控动力转向控制模块（EPS ECU）

电动式电控动力转向控制模块接收来自各种传感器的信号，判断现行的车辆情况，并决定依次施加到直流马达的辅助电流。

3. 直流马达与减速机构

直流马达的作用是将电能转变成机械能输出，它由转子、定子和马达轴等组成；减速机构由蜗轮蜗杆装置组成（见图 2-43）。

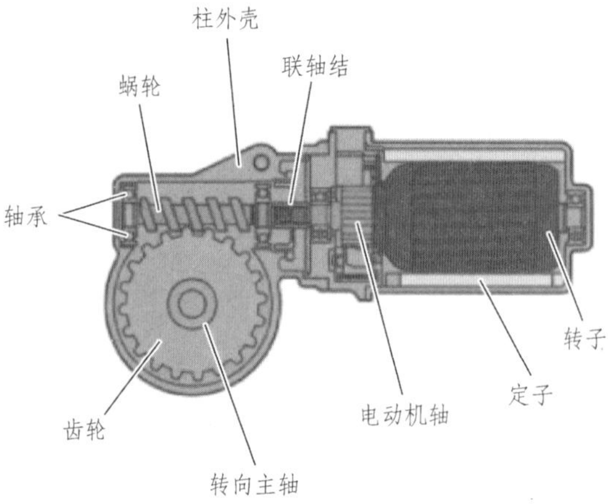

图 2-43　直流马达的组成

根据电动机布置位置的不同，电动转向系统可分为转向轴助力式、齿轮助力式和齿条助力式三种类型，如图 2-44 所示。

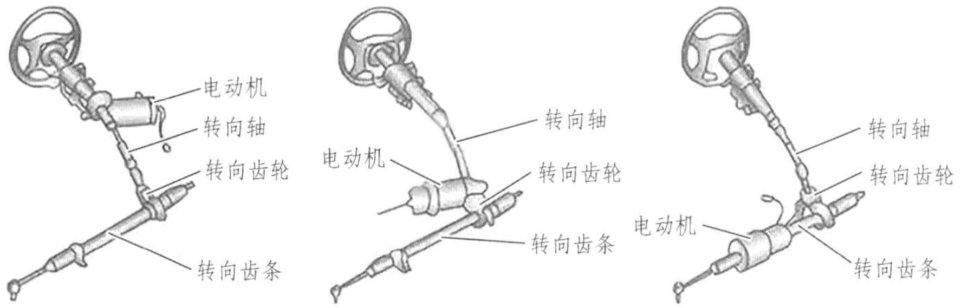

图 2-44　电动转向系统的分类

4. 警告灯

电动式电控动力转向系统在仪表内设有警告灯，其图标如图 2-45 所示，当 EPS ECU 检测到电控动力系统有故障时，就会点亮该警告灯，以此告诉驾驶员电控动力转向系统有故障，需要检修。

图 2-45　电动转向系统警告灯

5. 系统电路

丰田卡罗拉轿车电动式电控动力转向系统电路如图 2-46 所示。

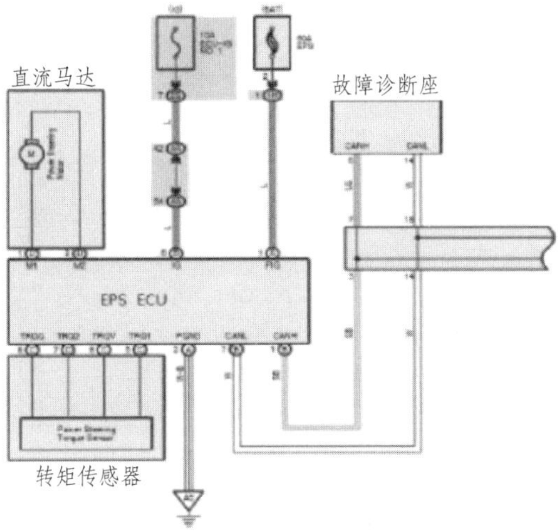

图 2-46　丰田卡罗拉轿车电动式电控动力转向系统电路

（二）工作原理

电动助力式转向系统是利用电动机作为动力源，根据车速和转向参数等，由电子控制单元控制，其工作原理如下：

当操纵转向盘时，装在转向轴上的转矩传感器不断测出转向轴上的转矩，并由此产生一个电压信号。该信号与车速信号同时输入电子控制单元，电子控制单元根据这些输入信号进行运算处理，确定动力转矩的大小和转向，选定电动机的电流和转向，调整转向的动力大小。电动机的转矩由电磁离合器通过减速机构减速增矩后，施加在汽车的转向机构上，使之得到一个与工况相适应的转向作用力。

二、故障码与数据流读取

1. 故障码和数据流

故障码一般显示出故障点所发生的故障，数据流反映的是电控单元、传感器和执行器的即时工作状态，进而反映汽车的运行状态，为故障诊断提供最实时、直接、新鲜、可靠的数据信息。

当汽车出现故障时，可通过故障诊断仪读取故障码和数据流来分析汽车故障原因，以此来排除汽车故障。

2. 读取故障码和数据流

（1）将点火开关置于 OFF 位置，然后将故障诊断仪连接到故障诊断座。

（2）将点火开关置于 ON（IG）位置，并按下诊断仪电源键。

（3）选择要检测的车型，进入动力转向系统。

（4）选择读取故障码，并记录故障码。

（5）清除故障码，再重新读取故障码。

（6）选择读取数据流，并记录重要的数据流参数，再查询维修手册并与标准参数对比，检查数据流是否正常。

（7）对照故障码与异常数据流的信息，按维修手册流程查找故障原因。

三、转矩传感器零点校正（复位学习）

1. 进行复位学习的情况

为使转矩传感器传递出准确的电信号，在出现更换转向柱总成（包含转矩传感器）或动力转向 ECU、左右转向力矩有差异等情况时需要执行转矩传感器的零点校正。

2. 复位学习的方法

（1）将方向盘置于中心位置，并将前车轮对准正前方；

（2）将点火开关置于 OFF 位置，然后将故障诊断仪连接到故障诊断座；

（3）将点火开关置于 ON（IG）位置，并打开诊断仪；

（4）选择“Utility”（工具包）；

（5）选择“Torque Sensor Adjustment”（转矩传感器调整）并等待，注意转矩传感器零点校正过程中不要触碰方向盘；

（6）零点校正完成后，再次读取故障码，确保没有故障码输出；

（7）退出诊断仪，并关闭诊断仪和点火开关，最后回收诊断仪。

四、电控转向功能检查

检查电动助力系统的转向力扭是否在标准范围内的方法如下：

拆下安全气囊，将点火开关置于 ON（IG）位置（发动机停止）以使动力转向做好工作准备。选用扭矩扳手，将方向盘向左或向右转动 90°，检查转向力矩（见图 2-47）（转向力矩参考维修手册）。

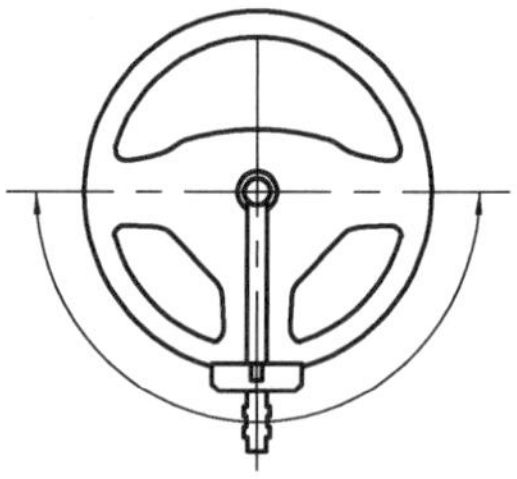

图 2-47　转动方向盘检查转向力矩

五、转向盘自由行程检查

1. 转向盘自由行程的定义

转向盘自由行程也称转向盘游动间隙，它是指汽车保持直线行驶位置不动时，左右晃动转向盘时的自由转动量（游动角度）。自由行程一般用转向盘转动角度的大小来表示。

转向盘自由行程是一个综合诊断参数，它是转向系各部件配合间隙的总反映。当自由行程超过规定值时，说明从转向盘至转向轮的传动链中的一处或几处存在配合松旷情况。转向盘从相对于汽车直线行驶的中间位置向任何一个方向的自由行程不应超过10°～15°，当超过25°～30°时，必须进行调整。

转向盘自由行程对于缓和路面冲击，避免使驾驶员过度紧张是有利的。但自由行程不宜过大或过小，若转向盘自由行程过小，则汽车在行驶过程中，驾驶员的路感作用太强，容易造成驾驶员过度紧张与疲劳；若转向盘自由行程太大，则会发生转向盘虽然转动角度大，但前轮并不偏转的现象，从而降低汽车转向的操纵灵敏度，并影响行车安全。因此，对转向盘的自由转动量应进行检查和调整，使其符合要求。

2. 转向盘自由行程检查

转向盘自由行程的检查可采用专用检测仪，其检查方法如下：

（1）停放汽车，使前轮处于直线行驶位置；

（2）将检查器刻度盘和指针分别夹持在转向轴管和转向盘上；

（3）向左或向右转动转向盘感到有阻力时，记住指针所在位置，再反向转动转向盘感到有阻力时为止，指针在刻度盘上所扫过的角度，即为转向盘的自由行程。

在没有专用工具的情况下，可以用简便方法确定转向盘自由行程，具体方法是：首先将汽车停在平直路面上，使前轮位于直线行驶位置，再用指尖向左右侧轻轻转动转向盘，在转向盘外周边缘上测量手感变重时的行程。

任务五　转向机械部件检查

知识目标

- 1. 了解并认识转向系统机械部件；
- 2. 熟悉转向机械部件的检查方法。

技能目标

- 1. 能进行传动机构检查；
- 2. 能进行转向操纵机构检查；
- 3. 能进行汽车转向系统维护与保养。

一、转向系统机械部件认识

机械转向系统由机械转向机、转向操纵机构和转向传动机构三部分组成（见图2-48）。

1. 机械转向器

机械转向器也称为转向机，是完成由旋转运动到直线运动（或近似直线运动）的一组齿轮机构，其功用是增大方向盘传到转向轮上的转向力矩，并改变力的传递方向。

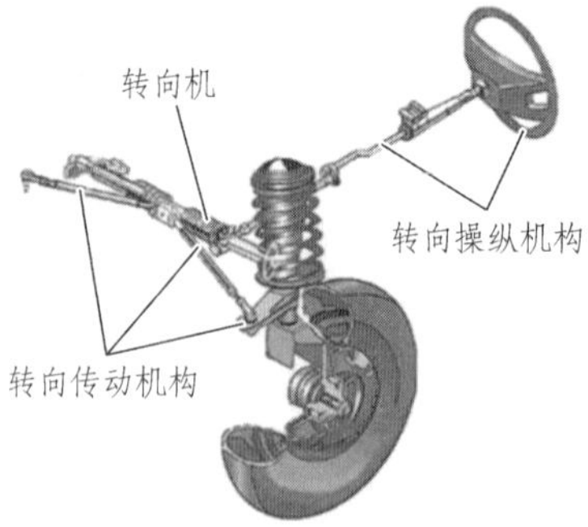

图 2-48　机械转向系统的组成

转向器按其结构形式可分为齿轮齿条式、循环球式、蜗杆曲柄指销式三种。

1）齿轮齿条式转向器

齿轮齿条式转向器主要由转向齿条、转向齿轮、转向器壳体等组成。

齿轮齿条式转向器通过转向器壳体的两端用螺栓固定在车身上。齿轮轴通过球轴承、滚柱轴承垂直安装在壳体中，其上端通过花键与转向轴上的万向节相连，其下部分是与轴制成一体的转向齿轮。

当驾驶员左右转动转向盘时，通过带安全锁和吸能机构的转向柱的传动，使转向齿轮移动，由于转向齿轮与转向齿条的无间隙啮合，转向齿轮的转向力矩顺利驱动转向齿条左右移动。转向齿条再把动力传给左右横拉杆、转向节臂和左右转向轮，使汽车顺利转向。

齿轮齿条式转向器应用广泛，具有结构简单、传动效率高、操纵轻便、质量轻等特点。因为其不需要转向摇臂和直拉杆，所以转向机构得以简化。齿轮齿条式转向器多用于轿车使用。

2）循环球式转向器

循环球式转向器中一般有两级传动副：第一级是螺杆螺母传动副，第二级是齿条齿扇传动副（见图 2-49 和图 2-50）。

转向螺杆的轴颈支承在两个推力球轴承上，并用可调轴承盖固定。可调轴承盖可以调整推力球轴承的预紧度，最后用锁紧螺母锁紧，可防止可调轴承盖的松动。转向螺母的一面上加工成齿条，与齿扇轴的齿扇部分啮合。转向螺母既是第一级传动副的从动件，又是第二级传动副（齿条齿扇传动副）的主动件（齿条）。

图 2-49　循环球式转向器

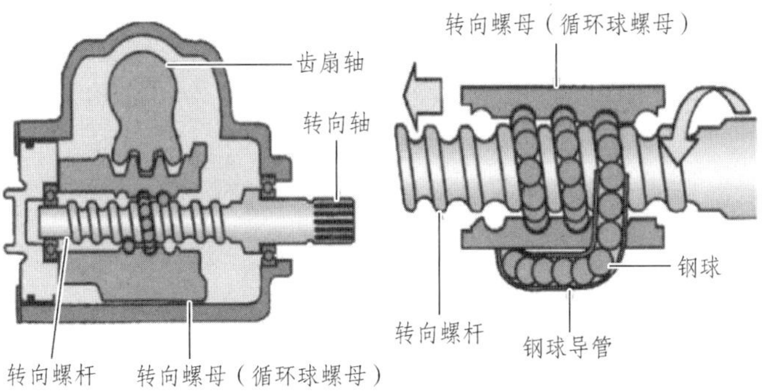

图 2-50 循环球式转向器的结构

当驾驶员左右转动转向盘时，通过带有万向传动装置的转向柱的传动，使转循环变为螺杆转动，循环钢珠在螺旋管状通道内滚动，形成“球流”。故在转向器工作时，两列钢球只是在各自的封闭流道内循环，而不致脱出。钢球流动的同时，推动螺母螺杆轴线前、后移动。然后齿条带动齿扇摆动，使摇臂轴发生移动。最后，通过转向传动机构推动转向轮偏转，实现汽车转向。

循环球式转向器的正传动效率很高，故操纵轻便，使用寿命长；但是其逆效率也很高，容易将路面冲击力传到转向盘，故多用于载货汽车和客车上。

3）蜗杆曲柄指销式转向器

蜗杆具有梯形螺纹，手指状的锥形指销用轴承支承在曲柄上，曲柄与转向摇臂轴制成一体。当汽车直线行驶时，蜗杆曲柄指销式转向器两个指销分别与蜗杆的螺旋槽相啮合。在汽车转向时，蜗杆轴转动，嵌于蜗杆螺旋槽内的指销一边自转，一边使转向摇臂轴转动，并通过转向传动机构使汽车转向轮偏转，实现汽车转向。

2. 转向操纵机构

转向盘到转向器之间的所有零部件总称为转向操纵机构。

转向操纵机构的功用是产生转动转向器所必需的操纵力，并具有一定的调节和安全性能。转向操纵机构要将驾驶员操纵转向盘的力传给转向器，同时为了驾驶员的舒适驾驶，还要求转向操纵机构可以进行调节，以满足不同驾驶员的需求。为了防止车辆撞击后对驾驶员的损伤，还要求转向操纵机构具有一定的安全保护装置。转向操纵机构由方向盘、转向轴、转向管柱、万向节及转向传动轴等组成，它的作用是将驾驶员转动方向盘的操纵力传给转向器。

1）转向盘

转向盘由轮缘、轮辐和轮毂组成。转向盘轮毂的细牙内花键与转向轴连接，转向盘上均装有喇叭按钮，部分轿车的转向盘上还装有车速控制开关和安全气囊。

2）转向轴

转向轴是连接转向盘和转向器的传动件，转向柱管固定在车身上，转向轴从转向柱管中穿过，支承在柱管内的轴承和衬套上。

转向轴分为上、下两段，中间用柔性联轴器连接。联轴器的上、下凸缘盘靠两个销子与销孔扣合在一起。销子通过衬套与销孔配合。

当发生猛烈撞车时，将引起车身、车架产生严重变形，导致转向轴、转向盘等部件后移。

与此同时，在惯性作用下驾驶员身体向前冲，致使转向轴上的上、下凸缘盘的销子与销孔脱开，从而缓和了冲击，吸收了冲击能量，从而有效减轻了驾驶员受伤的程度（见图 2-51）。

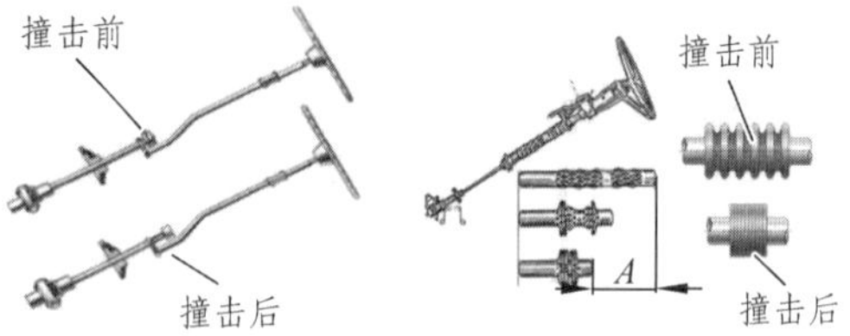

图 2-51　撞击前后对比

轿车除要求装有吸能式转向盘外，还要求转向柱管必须装备能够缓和冲击的吸能装置。转向轴和转向柱管吸能装置的基本工作原理为：当转向轴受到巨大冲击而产生轴向位移时，通过转向柱管或支架产生塑性变形、转向轴产生错位等方式，吸收冲击能量。

3. 转向传动机构

转向传动机构是指从转向机到转向节之间的一系列杆件，转向传动机构由转向摇臂、转向直拉杆、转向节臂和转向梯形等零部件共同组成，其中转向梯形由梯形臂、转向横拉杆和前梁共同构成（见图 2-52）。其作用是将转向机输出的运动和力传给转向车轮，使之偏转，以实现汽车转向。同时，还能衰减路面不平引起的振动，以稳定汽车行驶方向，避免转向盘打手。

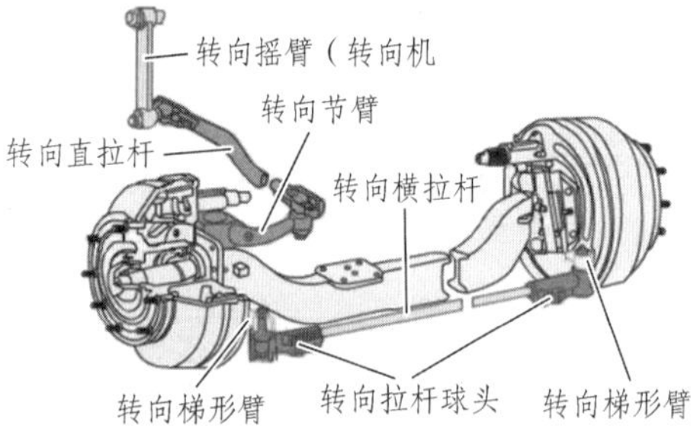

图 2-52　转向传动机构的组成

二、转向系统机械部件的检查与维护

转向系统机械部件的检查主要包括转向盘的检查和调整、转向连接机构的检查和维护等项目。

1. 检查转向盘与转向机构的连接情况

（1）用双手握住转向盘，在轴向和径向方向用力摇动，观察此时的转向盘是否移位；

（2）检查转向盘与转向轴的安装情况以及轴承是否松旷等；

（3）转向盘连接螺母应该紧固，支撑轴承完好无松旷，柱管装置稳固，支架无断裂，螺栓紧固；

（4）确保转向传动轴万向节应不松动，滑动叉扭转间隙不大于 0.30 mm，结合长度不小于 6 mm；

（5）检查各横销螺栓应紧固，弹簧垫应完好，防尘套应完好无损；

（6）检查防尘罩是否有润滑脂泄漏；

（7）对于液压动力转向系统还要检查动力转向液是否有泄漏，检查位置包括齿轮箱、叶轮泵连接软管等。

2. 转向盘转动力的检查

转向盘转动力的检查一般用弹簧秤拉动转向盘边缘进行测量。

发动机怠速情况下转向盘的转动阻力与新车相比应有 5 N 以内的差值；配用动力转向器时，发动机在怠选情况下，转向盘的转动力应小于 40 N，如果不符合标准，应该进行进一步检查。

3. 转向盘自由行程的检查

（1）在配备动力转向系统的车辆上，启动发动机，机械转向系统则无须启动发动机；

（2）将转向轮转到直线行驶的位置；

（3）轻轻移动转向盘，在转向轮临近开始移动时，使用金属直尺测量转向盘外缘的移动量，丰田卡罗拉轿车的移动量应为 10 ~ 15 mm；

（4）如果不符合要求，应该检查转向器间隙、调整转向球头销等。

4. 转向盘锁止功能的检查

（1）将点火开关转至“LOCK”位置，轻轻转动转向盘，此时转向盘应锁止不能转动；

（2）将点火开关转至“ACC”位置，转向盘应能自由转动。

5. 转向摇臂的检查

（1）用磁力探伤法检查转向摇臂是否有裂纹和损坏，若有，则必须更换；

（2）检查转向摇臂上端的锯齿花键有无磨损、损坏，若有，则应更换；

（3）检查转向摇臂的锁紧螺母，其螺纹不应有损伤，否则应进行更换；

（4）检查转向摇臂下端和转向拉杆球头销的连接，应牢固、可靠，切不可松旷，否则应进行修复。

6. 转向直拉杆和横拉杆的检查

（1）检查横拉杆杆体有无裂纹、弯曲。转向横拉杆的实际测量长度与标准长度的误差值一般不应大于 2 mm，直拉杆 8 字孔磨损不应超过 2 mm；

（2）检查各螺纹部位不应有损坏，与螺塞配合不应松旷，否则应进行更换；

（3）检查球头销、球座体及钢碗无裂纹、不起槽；球头销颈部磨损不超过 1 mm，球磨损圆度误差小于 0.50 mm，螺纹完好；弹簧不应有弹力减弱或折断现象；

（4）防尘装置应齐全、有效。

7. 转向节臂和梯形臂的检查

（1）检查转向节臂和梯形臂是否有裂纹，若有，应进行更换；

（2）检查转向节臂和梯形臂的固定与连接部位，不应有松动，要求牢固。

项目三　制动系统部件检查与保养

知识目标

- 1. 掌握液压系统的基础知识；
- 2. 了解液压系统组成部件的工作原理；
- 3. 掌握制动液液位检查的基本方法。

技能目标

- 1. 能检查制动液泄漏；
- 2. 能对制动液沸点、含水率进行检查；
- 3. 能进行制动液油更换及排气。

任务一　液压系统检查保养

一、制动系统概述

1. 制动系统的作用

为了使行驶车辆减速，直到停车，就必须产生使车轮旋转变慢的力。制动系统的作用就是利用机械摩擦作用来产生制动力，使汽车根据驾驶员的需要减速或停车，使汽车可靠地停放在原地（包括在坡道上）保持不动（见图 3-1）。

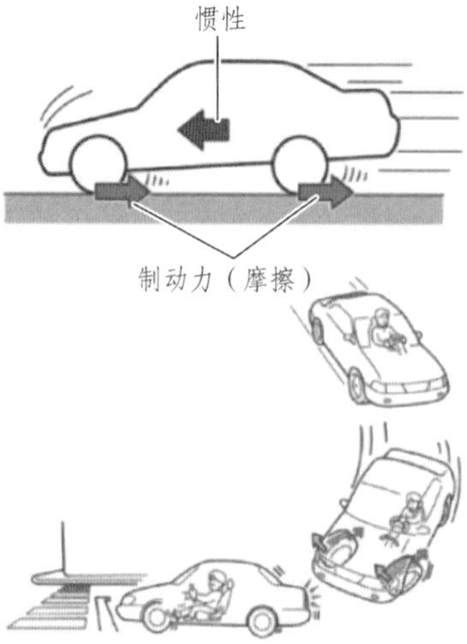

图 3-1　制动系统示意图

2. 制动系统的分类

（1）汽车制动系统按制动传动介质的不同，可分为液压制动系统和气压制动系统两大类，如图 3-2 所示。轿车上普遍采用液压制动系统，大型载货汽车上采用气压制动系统。

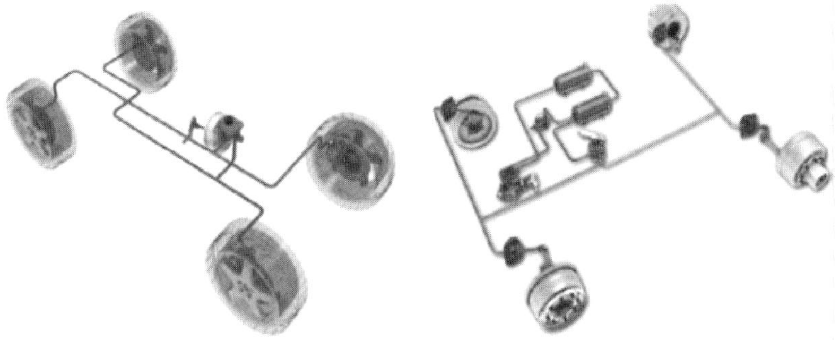

（a）液压制动系统　　（b）气压制动系统

图 3-2　制动系统的两种类型

（2）汽车制动系统按制动系统的作用可分为行车制动（脚制动）系统和驻车制动系统两大类。行车制动系统用于行驶中的汽车减速或停车，通常由驾驶员用脚操纵；驻车制动系统用于使停驶的车辆停留原地不动，通常由驾驶员用手操纵，因此也通俗地称为“手刹”。

3. 液压制动系统

液压式行车制动系统主要由制动踏板、真空助力器、制动总泵、储液罐、制动管路和制动器等组成（见图 3-3）。

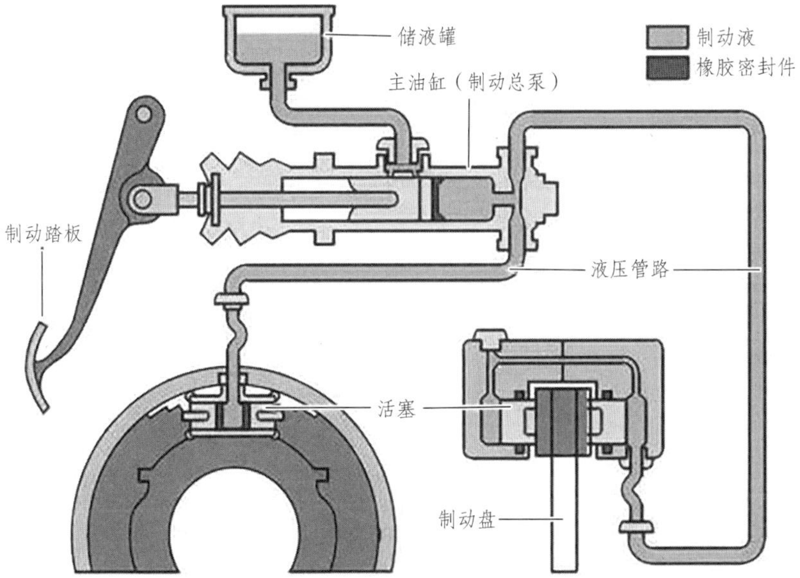

图 3-3　液压式行车制动系统结构组成

1）制动踏板

制动踏板（见图 3-4）即为限制动力的踏板，也就是脚刹（行车制动器）的踏板。制动踏板用于减速停车。它是汽车驾驶五大操纵件之一，使用频次非常高。驾驶人员的掌控情况将直接影响汽车的驾驶安全。

图 3-4　制动踏板

2）制动总泵

制动总泵外形如图 3-5 所示。

图 3-5　制动总泵

制动主缸作用是将制动踏板机械能转换成液压能。双管路液压制动传动装置中的制动主缸一般采用串联双腔或并联双腔制动主缸。串联双腔制动主缸构造如图 3-6 所示。

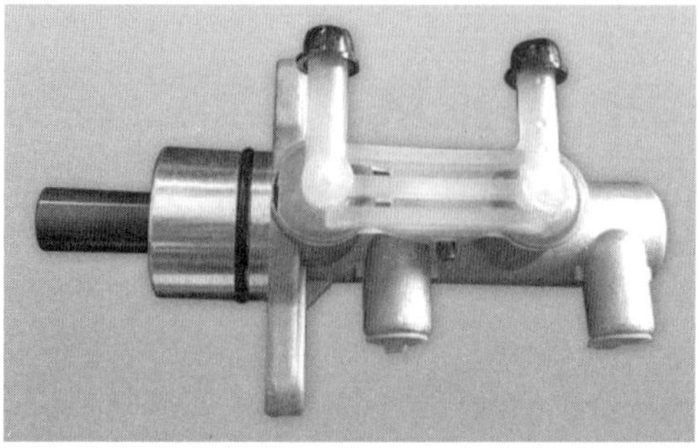

图 3-6　串联双腔制动主缸

主缸内有两个活塞。后活塞右端连接推杆；前活塞位于缸筒中间把主缸内腔分成两个腔，两腔分别与前后两条液压管路相通，储液罐分别向各自管路供给制动液。每个腔室具有各种回位件、密封件、复合阀等。

制动时，主缸中的推杆向前移动，使皮碗盖住储液罐进油口，此时后腔室液压升高，迫使油液向后轮制动器流动，推动后轮制动器工作。与此同时，在后腔液压和后活塞弹簧弹力作用下，推动前活塞向前移动，前腔压力也随之提高，使油液流向前轮制动器，推动前轮制动器工作。放松制动踏板，主缸中活塞和推杆在前后活塞弹簧的作用下回到原始位置，制动解除。

当前腔控制的回路发生故障时，前活塞不产生液压，前轮制动失效。但在后活塞液力作用下，前活塞被推到最前端，后腔产生的液压仍使后轮产生制动。若后腔控制的回路发生故障时，前腔仍能产生液压使前轮产生制动，以确保行车安全。

3）制动分泵

制动分泵的作用是把来自主缸的油液压力转换为轮缸活塞的机械推力，使制动蹄压靠在制动鼓上产生制动作用。制动分泵分为单活塞式和双活塞式。单活塞式制动分泵如图 3-7 所示。

图 3-7　单活塞式制动分泵

4）制动管路

制动管路的作用是连接位于车身上的制动主缸和位于制动底板上的制动轮缸。

现代汽车都采用了双管路传动装置，它是利用两个彼此独立的液压系统，当一个液压系统发生故障时，另一个液压系统仍照常工作，从而提高了汽车制动的可靠性和安全性。按连接方式的不同，它可分为对角分离式连接和前后分离式连接两种。

对角分离式连接在 FF（发动机前置前轮驱动）车中采用较普遍，前后分离式在 FR（发动机前置后轮驱动）车中采用较普遍。油管一般采用金属管（铜管）制成，由于车轮是通过弹性悬架与车身相连，故在车身端与制动轮缸端管路采用高强度的橡胶软管连接。

5）制动液

汽车制动液又称刹车油，用于汽车液压制动系统中传递压力。作为车轮制动器实现制动作用的一种功能性液体，其制动工作压力一般为 2 MPa，高的可达 4 ~ 5 MPa。

制动液的要求如下：

（1）应有较高的沸点；

（2）适宜的高温黏度和良好的低温流动性；

（3）具有抗氧化、抗腐蚀和防锈的性能；

（4）吸湿性低、溶水性好、沸点下降幅度小；

（5）对橡胶的适应性好；

（6）良好的化学安定性。

液压制动系统采用汽车制动液进行动力的传递。制动液的质量是保证液压系统工作可靠的重要因素。对制动液的要求是：高温下不易汽化，否则，将在管路中产生气阻现象，使制动系统失效；低温下有良好的流动性；不会使金属件腐蚀和橡胶件发生膨胀、变硬；能对液压系统起润滑作用；吸水性差而溶水性良好等。

6）制动器

（1）制动器的作用是将从制动管路传过来的液压力转换成摩擦力矩，从而迫使车轮减速或停转。

（2）制动器按结构不同，可分为盘式制动器和鼓式制动器，如图 3-8 和图 3-9 所示。其中鼓式制动器由于能产生大的制动力矩，多用于货车或部分轿车后轮；盘式制动器由于散热性能好，故广泛应用于轿车。

图 3-8　盘式制动器

图 3-9　鼓式制动器

7）真空助力器

在液压制动系统中，为了减轻驾驶员施加于制动踏板上的力，同时还能增加车轮制动力，达到操纵轻便、制动可靠的目的，因此都装有真空助力装置。真空助力器是利用发动机工作时在进气管中形成的真空度作为动力源，利用真空的吸力帮助制动踏板对制动主缸产生推力，所以真空助力器装在制动踏板与制动主缸之间。

二、制动液检查

1. 检查液位

正常液位应位于最低刻度线（MIN）和最高刻度线（MAX）之间（见图 3-10）。如果大于 MAX，则可能是制动液加注过多；如果小于 MIN，则可能是制动系统某部分发生渗漏所致。此时应仔细检查制动系统是否存在渗漏现象，之后再将制动液加注到标准范围。

图 3-10　储液罐液位标记

注意：

（1）制动液有毒，且具有腐蚀性，因此不得使制动液接触油漆表面；

（2）制动液有吸湿性，可从周围空气中吸收水分，因此，必须保证制动液罐的密封性。

2. 检查泄漏

检查制动总泵与真空助力器连接处是否有制动液泄漏，如有泄漏，说明制动总泵损坏，检查与制动总泵的连接管路是否有泄漏或严重腐蚀等。

3. 检查管路

检查真空助力器与进气管的连接软管是否存在老化、裂纹或其他损坏。

三、制动液沸点、含水率检查方法

1. 制动液含水率检测

打开储液罐盖；按下含水率检测仪电源按键，并将测量头放入制动液内，显示屏即显示检测值（见图 3-11）。再查询维修手册或相关资料，当含水率高于界限值时必须更换制动液。

图 3-11　检测制动液含水率

2. 制动液沸点检测

用针筒从储液罐内抽取适量的制动液放入玻璃量杯内；将沸点检测仪的正、负电源夹分别夹到蓄电池的正负接头上；将测量头放入量杯中并按下测量键，待检测仪加热制动液到沸腾后，显示屏即显示制动液的沸点（见图 3-12）。再查询维修手册或相关资料，当沸点低于界限值时必须更换制动液。

图 3-12　检测制动液沸点

四、制动油液更换及排气

（1）添加制动液到储液罐 MAX 刻度线处。

（2）牢靠举升车辆至轮胎稍离开地面的位置。

（3）选用轮胎专用套筒、风动扳手，按正确方法拆卸车轮。

（4）选用合适梅花扳手，套在放气螺钉上；再将接油装置的透明软管连接到放气螺钉上，此时不要松开放气螺钉。

（5）协助人员进入车内，连续多次踩制动踏板，协助人员与作业人员用“口号”配合，当作业人员口号协助人员“踩住”后，作业人员再松开放气螺钉，此时制动液从放气螺钉处喷出，然后锁紧放气螺钉，再口号协助人员“再踩”；如此操作数次，直到从透明软管喷出的制动液没有气泡，再锁紧放气螺钉，取下透明软管。注意制动液储液罐内的液面，要随液面下降添加新制动液。

（6）按上述方法，依次按“右后—左后—右前—左前”（由远及近）的顺序排放制动液。

（7）测量制动踏板高度。

① 测量制动踏板高度；

② 测量制动踏板自由行程；

③ 测量制动踏板行程余量（见图 3-13）。

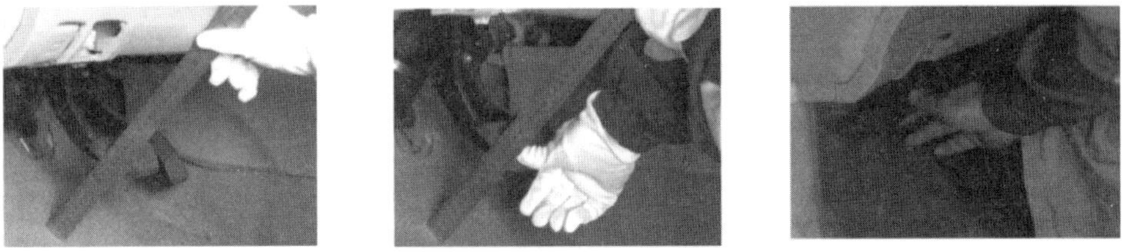

图 3-13　测量制动踏板行程余量

（8）调整制动踏板高度（见图 3-14）。

① 选用合适的开口扳手，松开真空助力器推杆锁紧螺母。

② 选用鲤鱼钳，转动推杆以调整制动踏板高度。

③ 选用钢直尺，抵靠制动踏板，读出并记录踏板高度值，直到将踏板高度调整到规定范围内。

④ 再用合适的开口扳手，拧紧推杆锁紧螺母。

图 3-14　调整制动踏板高度

任务二　鼓式制动检查保养

知识目标

- 1. 能了解鼓式制动的基础知识；
- 2. 能了解鼓式制动器的组成及工作原理；
- 3. 掌握鼓式制动器的调整方法；
- 4. 掌握鼓式制动器的拆转要点。

技能目标

- 1. 能对鼓式制动器进行检查；
- 2. 能对鼓式制动器进行调整；
- 3. 能对鼓式制动器进行拆装。

一、鼓式制动器概述

四轮汽车在制动过程中，由于惯性作用，前轮的负荷远大于后轮，前轮制动力要比后轮大，后轮起辅助制动作用，为了节省成本，一般后轮均采用鼓式制动方式。

（一）鼓式制动器的分类

汽车前进时，由制动鼓旋转方向看去，制动蹄张开方向与制动鼓旋转方向相同时，该蹄称为领蹄；若相反，则称为从蹄。

按照制动效能可分为以下 6 种：

（1）领从蹄式：当制动鼓正向或反向旋转时，总有一个领蹄和一个从蹄（见图 3-15）。

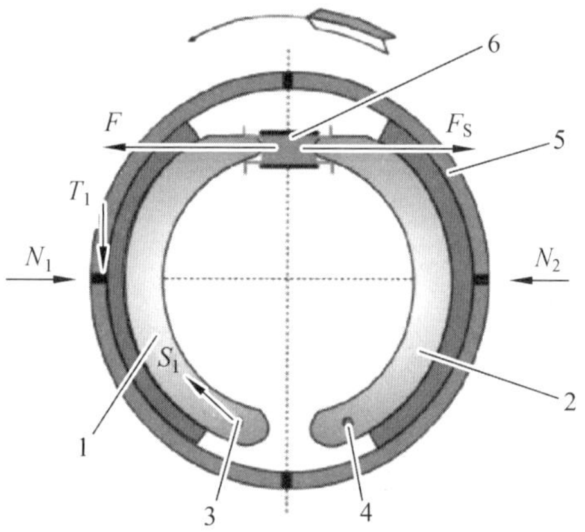

1—领蹄；2—从蹄；3，4—支点；5—制动液；6—制动轮缸。

图 3-15　领从蹄式制动器

（2）双领蹄式：当制动鼓正向旋转时两蹄均为领蹄，而当制动鼓反向旋转时两蹄均为从蹄（见图 3-16）。

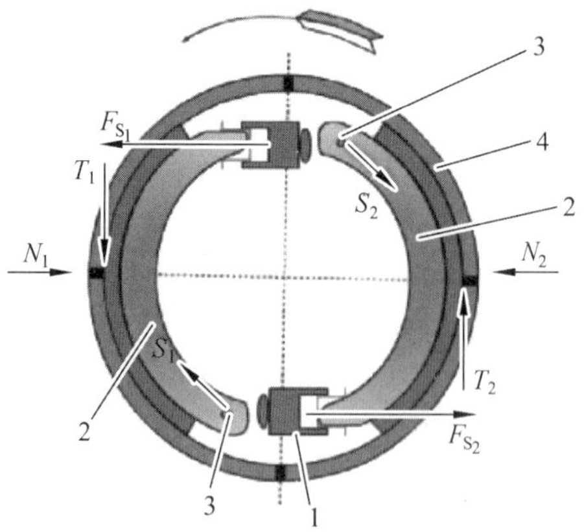

1—制动轮缸；2—制动蹄；3—支撑销；4—制动鼓。

图 3-16　双领蹄式制动器

（3）双向双领蹄式：当制动鼓正向或反向旋转时，两蹄均为领蹄（见图 3-17）。

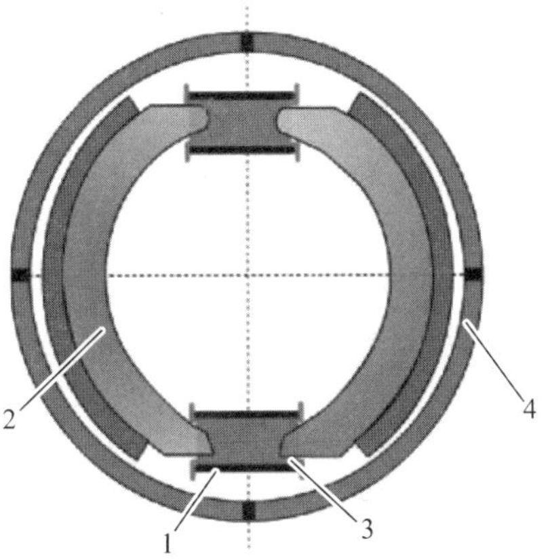

1—制动轮缸；2—制动蹄；3—活塞；4—制动鼓。

图 3-17　双向双领蹄式制动器

（4）双从蹄式：当制动鼓正向旋转时两蹄均为从蹄，而当制动鼓反向旋转时，两蹄均为领蹄（见图 3-18）。

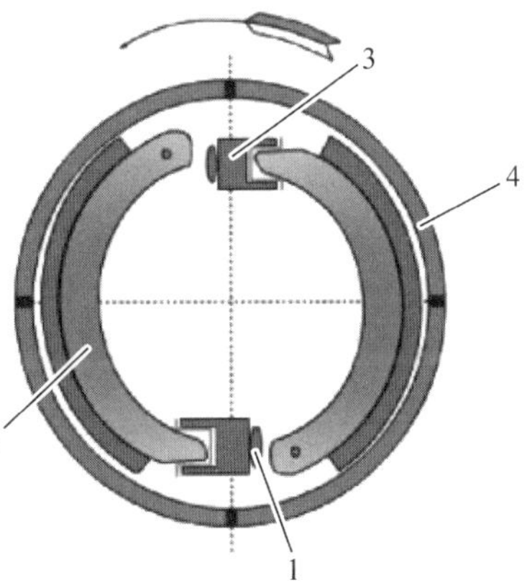

1—支撑销；2—制动蹄；3—制动轮缸；4—制动鼓。

图 3-18　双从蹄式制动器

（5）单向自增力式：又称单向伺服式，仅在制动鼓的某一旋转方向上，才能借助摩擦力的作用使施加力的效能增高（见图 3-19）。

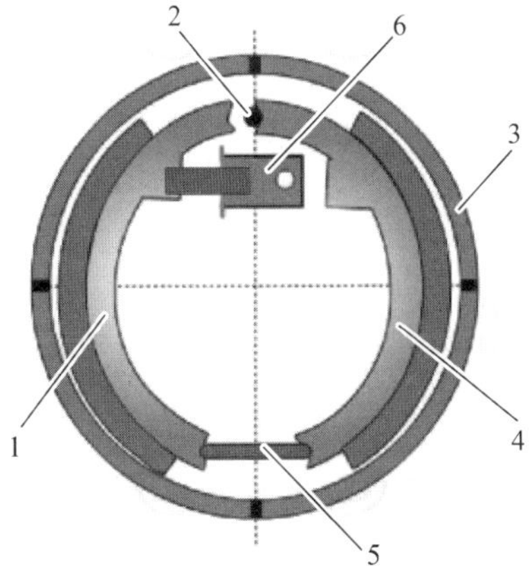

1—第一制动蹄；2—支撑销；3—制动鼓；4—第二制动蹄；5—可调顶杆体；6—制动轮缸。

图 3-19　单向自增力式制动器

（6）双向自增力式：又称双向伺服式，在制动鼓的正、反两个旋转方向上均能借助摩擦力的作用使施加力的效能增高（见图 3-20）。

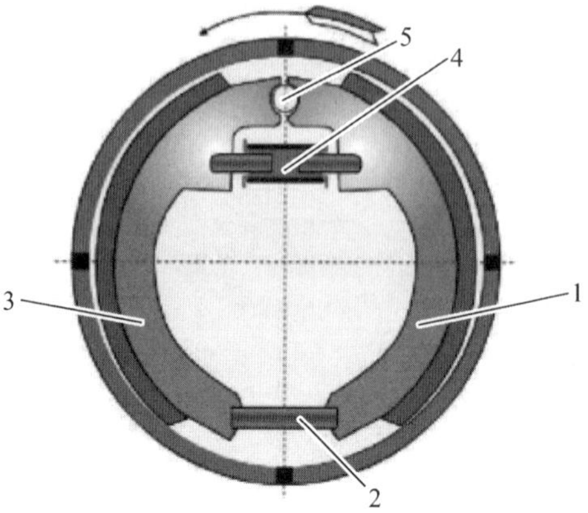

1—前制动蹄；2—顶杆；3—后制动蹄；4—轮缸；5—支撑销。

图 3-20　双向自增力式制动器

（二）鼓式制动器组成

鼓式制动器主要由制动鼓、制动蹄、轮缸等组成（见图 3-21）。

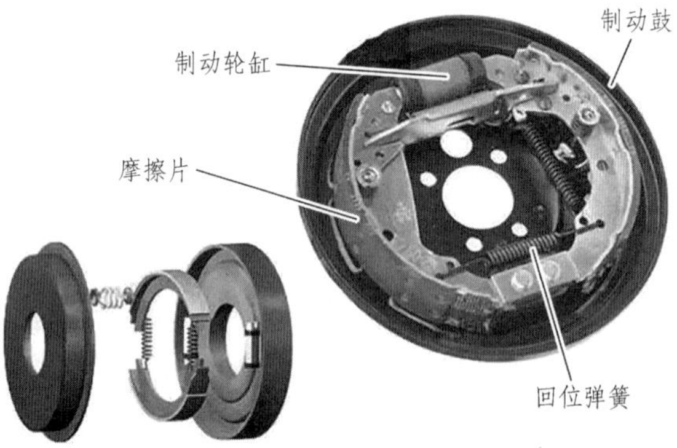

图 3-21　鼓式制动器结构组成

1. 制动底板

制动底板用来安装各种组件，容纳制动器组件并防止组件被路面飞溅的泥水弄脏。

2. 轮　缸

轮缸安装在制动器底板上，进行制动时液压式轮缸的活塞向外移动，推动制动蹄将摩擦片压紧制动鼓，从而实现制动。

制动器轮缸的作用是将制动主缸经制动管路过来的液压力转换为机械推力，从而推动制动蹄与制动鼓摩擦，产生制动力矩，使车辆减速或停车。其主要由活塞、皮碗、缸体和放气螺钉等组成（见图 3-22）。

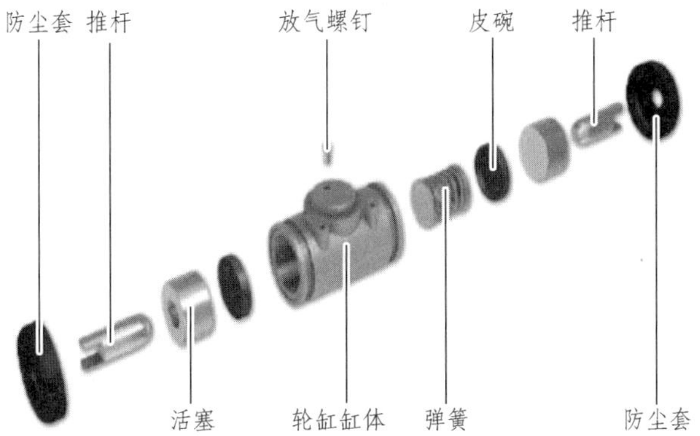

图 3-22　制动器轮缸

3. 制动鼓

制动鼓呈鼓形，在安装面有连接孔，固定在车轮上随车轮转动，是鼓式制动器的摩擦偶件。

4. 制动蹄总成

制动蹄总成由制动蹄铁和摩擦片组成，把摩擦片固定在蹄铁上可采用铆接法或黏接法。

5. 回位弹簧

当解除制动力时，回位弹簧将两制动蹄拉回到固定位置，使摩擦片离开制动鼓。

6. 压紧装置

压紧装置是将制动蹄固定到制动底板上的装置。

（三）工作原理

当制动时，制动轮缸的两个活塞在液压作用下撑开回位弹簧向外移动，推动前、后制动蹄紧压在制动鼓上，不旋转的制动蹄对旋转的制动鼓产生一个摩擦力矩，其方向与车轮旋转方向相反，迫使车轮减速或停车，如图 3-23 所示。当放松制动时，油液流回主缸，在各回位弹簧拉力作用下，制动蹄与制动鼓又恢复了原来的间隙，从而解除制动（见图 3-23）。

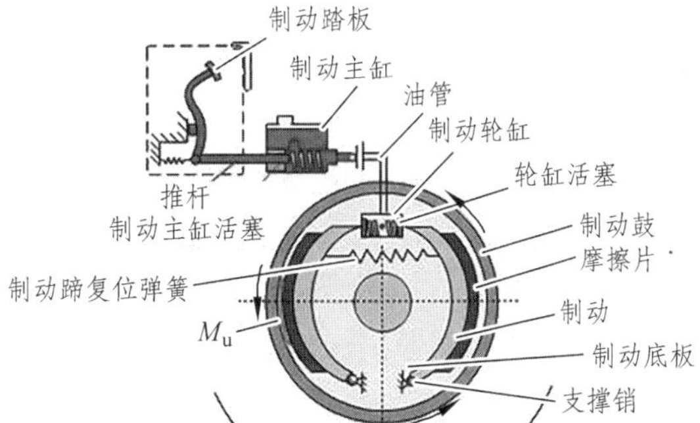

图 3-23　鼓式制动器工作原理

二、鼓式制动器的检查

制动器在使用一段时间后，使用者需要对其进行检查。

检查的项目包括查看制动分泵是否漏油、制动蹄片厚度是否符合标准、制动鼓内径是否符合标准等。

（1）取下分泵（轮缸）防尘套，检查制动分泵是否漏油。

（2）用手指往复推动分泵推杆，检查分泵活塞是否卡滞（见图 3-24）。

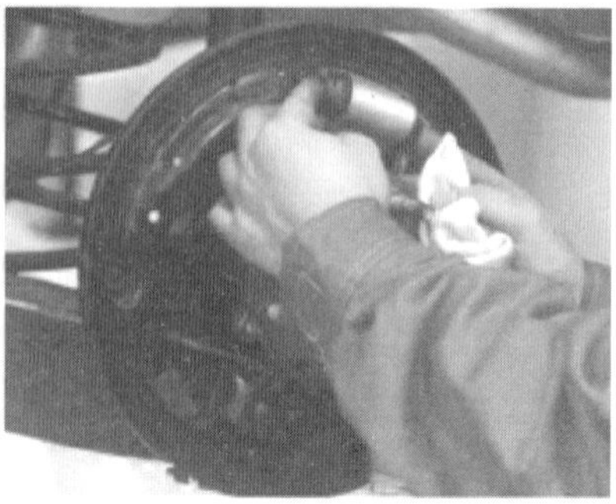

图 3-24　检查分泵活塞

（3）检查制动蹄回位弹簧是否腐蚀或存在其他损坏。

（4）检查制动间隙调整杆是否损坏。

（5）用抹布清洁制动蹄片。

（6）选用钢直尺测量前、后制动蹄片的厚度，再查询维修手册，找到最低厚度值，确认是否需要更换制动蹄片（见图 3-25）。

图 3-25　测量前后制动蹄片厚度

（7）用抹布清洁制动鼓。

（8）目视检查制动鼓是否存在严重磨损或裂纹等问题。

（9）用游标卡尺测量制动鼓内径（见图 3-26）。再查询维修手册，找到标准值，确认是否需要更换制动鼓。

图 3-26　测量制动鼓内径

三、鼓式制动器的调整

鼓式制动器根据制动蹄张开装置形式的不同，可分为轮缸式制动器和凸轮式制动器。轮缸式制动器以液压制动轮缸作为制动蹄促动装置，多为液压制动系统所采用；凸轮式制动器以凸轮作为促动装置，多为气压制动系统所采用。

制动蹄处于不工作的原始位置时，其摩擦片与制动鼓间应有合适的间隙，其设定值由汽车制造厂规定，一般在 0.25 ~ 0.5 mm 内。大多数轿车都装有制动器间隙自调装置，也有一些载货汽车仍采用手工调节。

1. 液压式鼓式制动器调整

（1）间隙小：调液压分泵端部的调整螺母，使车轮抱死，再退 1 ~ 3 个齿。

（2）间隙大：先调根部的支撑销，再调端部的凸轮，抱死，退 1 ~ 3 个齿。

2. 气压式鼓式制动器调整

（1）车轮制动器的局部调整。

车轮制动器局部调整是在制动摩擦片磨损后，制动气室推杆行程超过 40 mm 情况下或二级维护时，所进行的调整作业。

（2）支起需要调整的车轮。

（3）按图取下调整臂的防尘罩，推进锁止套，露出蜗杆轴的六方头。

（4）用扳手转动蜗杆轴，并转动制动鼓，在制动检视孔中插入塞尺相应的规片，在距制动蹄两端 20 ~ 30 mm 处测量，制动蹄摩擦片与制动鼓的间隙应达到技术标准（凸轮轴端 0.4 ~ 0.7 mm，蹄汁轴端 0.2 ~ 0.5 mm）。

（5）调好后退出锁止套，套上防尘罩，放好车轮。

应注意局部调整时，切不可转动制动蹄轴，一旦转动，应进行全面调整。

四、鼓式制动器的拆装要点

1. 液压式鼓式制动器拆装要点

鼓式车轮制动器装复过程中，两制动蹄的位置不能互换，重点检查复位弹簧是否损坏、制动蹄磨损情况，装复后再检查制动间隙。

2. 气压式鼓式制动器拆装要点

分解时先支起前桥，用轮胎螺母拆装机拆去轮胎螺母，拆下前轮；再拆去前轮毂盖，剔平锁紧螺母锁片，拧下锁紧螺母，取下锁片及锁止垫圈；然后拧出轮毂轴承预紧度调整螺母，用拉器从转向节上拉下轮毂及制动鼓。再用拉簧钩拆下制动蹄回位弹簧，取下支承销的垫板，拆下支承销，制动凸轮，调整臂总成及制动气室。最后拆下制动底板。后轮制动器的拆卸基本与前轮相同。

鼓式车轮制动器的装配按上述相反顺序装复。但要注意：装复过程中，两制动蹄的位置不能互换，其上端面要与凸轮工作面完全贴合，支承销端部的标记朝内相对（见图 3-27）。

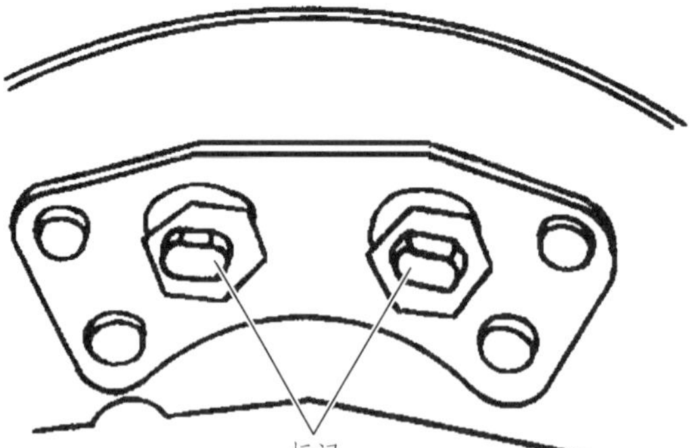

图 3-27　标记

任务三　盘式制动检查保养

知识目标

- ◆ 1. 掌握盘式制动器的基础知识；
- ◆ 2. 掌握盘式制动器的组成及工作原理；
- ◆ 3. 掌握制动系统的组成；
- ◆ 4. 掌握电子制动系统的工作原理；
- ◆ 5. 掌握盘式制动器的类型及区别。

技能目标

- ◆ 1. 能对盘式制动器进行检查；
- ◆ 2. 能正确拆装盘式制动器。

一、盘式制动器概述

盘式制动器又称为碟式制动器，其散热快、质量小、构造简单且调整方便，特别是高负载时耐高温性能好，制动效果稳定，已广泛应用于轿车，但因成本高，多用作前轮制动器，与后轮的鼓式制动器配合，以保证汽车在较高的制动情况下的方向稳定性。

1. 组　成

盘式制动器由液压控制，主要零部件有制动盘、摩擦衬块、分泵、制动钳、油管等（见图 3-28 和图 3-29）。

制动盘用合金钢制造并固定在车轮上，随车轮转动。摩擦衬块是指钳夹活塞推动挤压在制动盘上的摩擦材料。摩擦衬块分为摩擦材料和底板，两者直接压嵌在一起。

分泵固定在制动器的底板上，制动钳上的两个摩擦片分别装在制动盘的两侧，分泵的活塞受油管输送来的液压作用，推动摩擦片压向制动盘发生摩擦制动，其动作类似于用钳子钳住旋转中的盘子，迫使其停下。

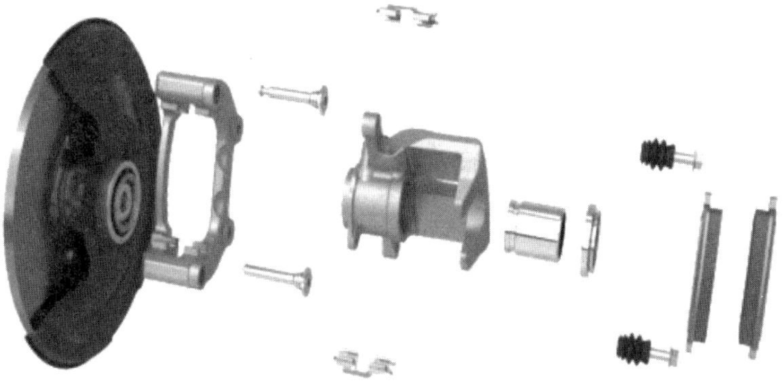

图 3-28　盘式制动器结构组成

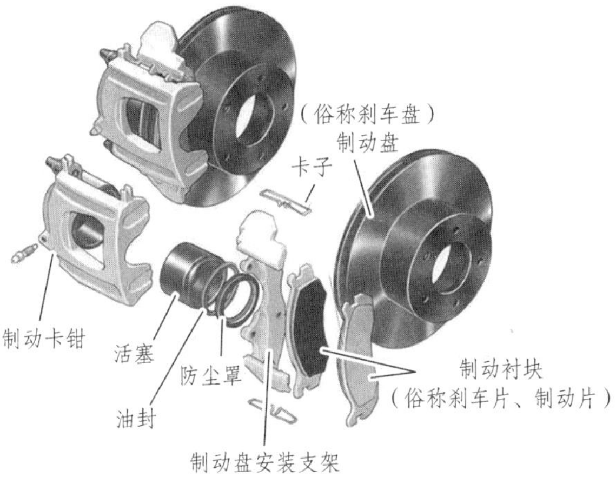

图 3-29　盘式制动器

2. 分　类

盘式制动器根据结构不同可分为定钳盘式和浮钳盘式两类。现代汽车最常见的类型是单活塞浮动卡钳式盘式制动器。定钳盘式制动器有一对活塞，一般用在对制动力矩要求较大的高级轿车上（见图 3-30）；浮钳式制动器一般只有一个活塞，由于热稳定性好、结构简单、造价低廉等优点，广泛应用在经济型轿车上。

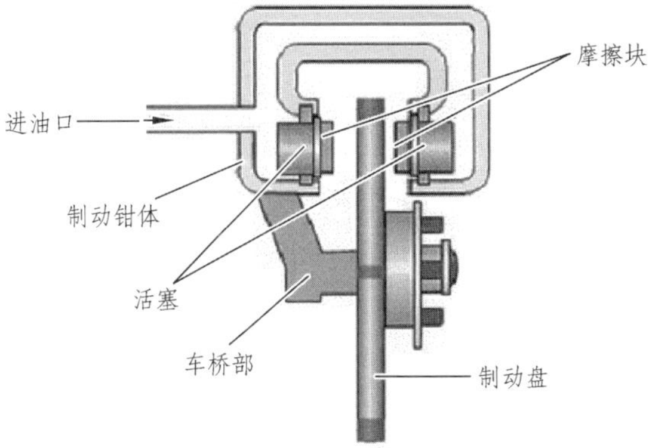

图 3-30　定钳盘式制动器

1）定钳盘式制动器

定钳盘式制动器跨置在制动盘上的制动钳体固定安装在车桥上，它不能旋转，也不能沿制动盘轴线方向移动，其内的两个活塞分别位于制动盘的两侧。

制动时，制动油液由制动总泵经进油口进入钳体中两个相通的液压腔中，将两侧的摩擦块压向与车轮固定连接的制动盘，从而产生制动。

2）浮钳盘式制动器

浮钳盘式制动器制动钳体通过导向销与车桥相连，可以相对于制动盘轴向移动。制动钳体只在制动盘的内侧设置油缸，而外侧的制动块则附装在钳体上。

制动时，液压油通过进油口进入制动油缸，推动活塞及其上的摩擦块向右移动，并压到制动盘上，并使得油缸连同制动钳体整体沿销钉向左移动，直到制动盘右侧的摩擦块也压到制动盘上夹住制动盘并使其制动（见图 3-31）。

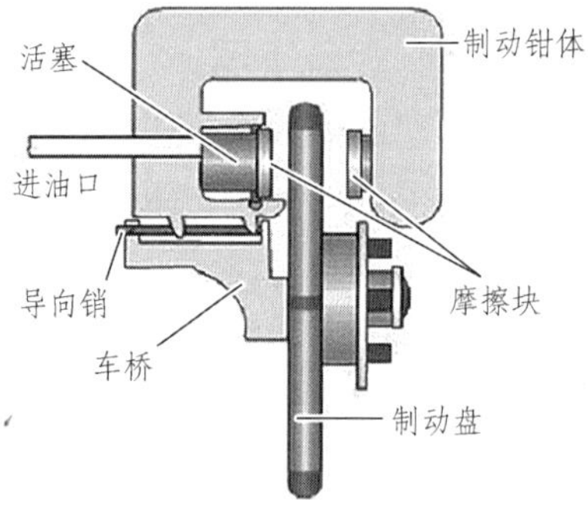

图 3-31　浮钳盘式制动器

盘式制动器的制动间隙是自动调整的，因为当踩下制动踏板时，液压力移动活塞并推动制动器摩擦片顶到转子盘。此时，活塞移动，导致活塞密封圈改变形状。释放制动踏板时，活塞器密封圈返回到其原形，再移动活塞离开制动器摩擦片（见图 3-32）。

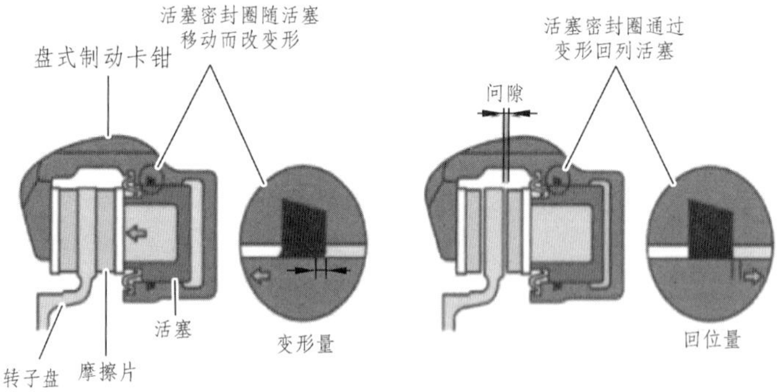

（a）施加制动　　（b）制动释放

图 3-32　施加制动与制动释放

由于制动摩擦片易磨损，因此在内侧摩擦片上装有衬块磨损指示器。当摩擦片厚度因磨损减少到一定的厚度（约 2.5 mm）时，固定在摩擦片背板上的衬块磨损指示器开始接触到制动转子盘，并在行驶过程中产生警报声警示驾驶员，如图 3-33 所示。

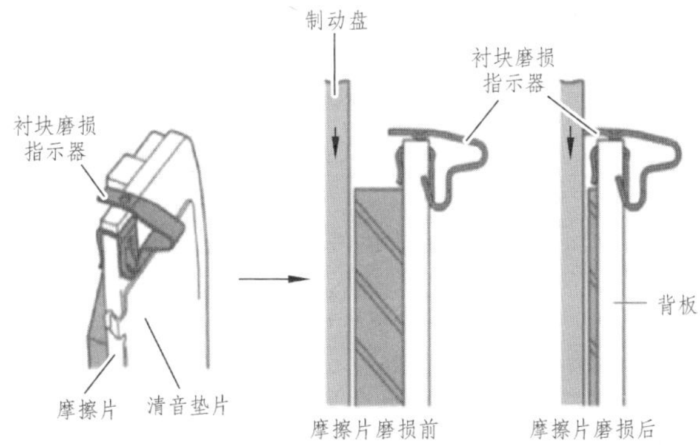

图 3-33　摩擦片磨损前后对比

二、盘式制动器的拆装与检查

制动器在使用一段时间后，需要对盘式制动器进行检查。检查的项目包括：制动蹄片厚度检查，制动轮缸是否有制动液泄漏，制动钳是否有油污，制动摩擦片是否过度磨损，其隔热层是否损坏，制动盘厚度是否符合标准，制动盘摩擦端面跳动量是否在正常范围内，等等。

用举升器将汽车升起，拆下轮胎，注意轮胎和轮毂的相对位置，再拆卸制动钳进行检查。

（1）用抹布清洁内、外制动蹄片。

（2）对比内、外制动蹄片的厚度是否一致，判断制动蹄片是否存在偏磨现象。

（3）选用钢直尺测量内、外制动蹄片的厚度，查询维修手册，确认制动蹄厚度是否低于规定值。

（4）目视检查制动卡钳活塞是否漏油。

（5）用双手里、外推动和上、下晃动制动卡钳，检查卡钳上导销是否松旷和卡滞，防尘套是否裂纹。

（6）用手拉动和晃动卡钳下导销，检查是否松旷和卡滞，防尘套是否裂纹。

（7）用抹布清洁制动盘的内侧与外侧。

（8）目视检查制动盘内、外侧是否存在严重磨损、沟槽、烧蚀和裂纹等。

（9）选用千分尺测量制动盘的厚度，沿制动盘周围均匀测量 4 个点，查询维修手册，测量确认制动盘厚度是否低于规定值（见图 3-34）。注意：测量前先对千分尺进行校零，测量时直接读数，不可拿下千分尺读取数值。

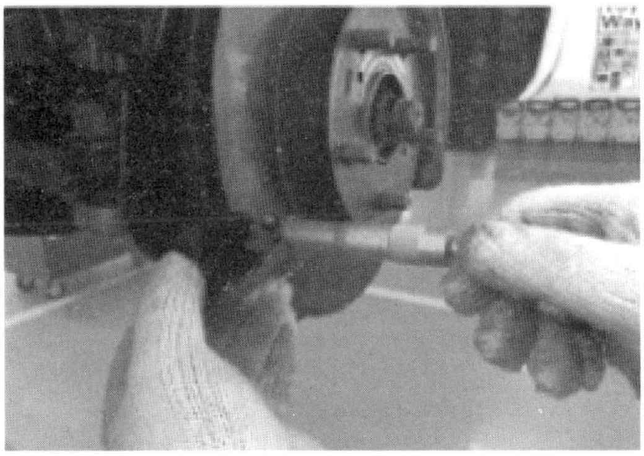

图 3-34　测量制动盘厚度

（10）先安装 5 个轮胎螺栓，再用螺丝刀固定制动盘，选用扭矩扳手将螺栓拧紧到固定扭矩。

（11）组装磁力表座与百分表。

（12）将组装好的磁力表座与百分表总成安装到减振器的下座上，调整好位置，使百分表测量头与制动盘垂直，并距边沿约 10 mm，预压百分表 1 ~ 2 mm，再拧紧磁力表座各手柄（见图 3-35）。

图 3-35 安装磁力表座与百分表总成

（13）缓慢均匀转动制动盘 1 圈以上，读取百分表指针的摆动量，该摆动量即为制动盘的跳动量，查询维修手册，确认制动盘跳动量是否大于规定值。

（14）取下磁力表座与百分表总成。

（15）用风炮拆下 5 个轮胎螺栓。

（16）使用专用工具安装制动片，再安装车轮。

任务四 辅助制动检查保养

知识目标

- ◆ 1. 了解辅助制动检查保养的基本概念；
- ◆ 2. 了解助力器的功能和密封性检查方法；
- ◆ 3. 掌握制动踏板自由行程检查方法；
- ◆ 4. 掌握助力器真空及泄漏检查方法；
- ◆ 5. 掌握驻车制动器的检查和调整方法。

技能目标

- ◆ 1. 能对助力器的密封性进行检查；
- ◆ 2. 能对助力器的功能进行检查；
- ◆ 3. 能对制动踏板的自由行程进行检查；
- ◆ 4. 能对驻车制动器进行检查和调整。

乘用车和轻型商用车的制动系统主要采用液压作为传动媒介，与可提供动力源的气压制动系统相比，其需要助力系统来辅助驾驶员进行制动。

真空制动助力系统也称作真空伺服制动系统，伺服制动系是在人力液压制动的基础上加设一套由其他能源提供制动力的助力装置，使人力与动力可兼用，即兼用人力和发动机动力作为制动能源的制动系统。

在正常情况下，其输出工作压力主要由动力伺服系统产生，因而在动力伺服系统失效时，仍可全由人力驱动液压系统产生一定程度的制动力。

一、助力器密封性检查

启动发动机，再连续踩制动踏板数次，在踩下制动踏板时停止发动机运转，此时不要松开制动踏板，等待 30 s 内踏板高度无变化（无回弹感），则说明真空助力器密封性能良好；如制动踏板有明显的回升现象，则说明真空助力器有漏气故障，需对其进行更换。

二、助力器功能检查

当真空助力器失效时，驾驶员会感到制动效率降低。踩下制动踏板时，驾驶员会感到僵硬，阻力明显增大。此时，应及时更换助力器总成。真空助力器的质量可通过以下方法进行判断：

1. 方法一

发动机运行 1 ~ 2 min 后，将发动机关闭，制动踏板按法向力多次踩上，消耗了真空助力器的内部真空。当开始踩时，可以完全踩在上面，然后刹车踏板的高度逐渐增加，这表明真空助力器正常工作。

2. 方法二

在发动机熄火时连续踩制动踏板若干次，以消除真空助力器内的真空，再踩住踏板不动，然后启动发动机。此时若制动踏板略微下沉（增压效应），则说明真空助力器助力功能正常；如踏板不动或不明显，则说明助力器无助力作用。

三、制动踏板自由行程检查

踏板自由行程是为保证不发生制动拖滞、彻底解除制动而设置的。测量时在制动踏板与驾驶室底板之间立一钢尺，用手向下按制动踏板至有阻力时，记下直尺读数。然后放松踏板，再看钢尺读数。两次读数之差即为踏板自由行程。液压制动的踏板自由行程一般在 15 ~ 20 mm，在调整时应按车型规定的数值进行调整。若制动踏板自由行程不符合规定要求，应进行调整。

当自由行程不合适时，可松开总泵推杆的锁紧螺母，拧动推杆，通过改变其长度进行调整。调整完毕后，再拧紧锁紧螺母。桑塔纳轿车制动踏板的自由行程是指踩下踏板时，推杆接触到制动总泵活塞时的踏板移动量。检查时，可用手轻压踏板，测量至手感变重时的踏板行程，其行程应≤45 mm。测量制动踏板踩下的有效行程应达到 135 mm，制动踏板的总行程应≥180 mm。如果检查不合格，可通过调整推杆长度的方法改正。

四、助力器真空及泄漏检查

1. 真空供给检查

如果制动时真空助力器助力功能丧失或助力作用微弱，除需检查真空助力器外，应重点检查给助力器提供真空的真空源及其真空管路。

检查时，拔掉真空助力器的真空接头，启动发动机使其在怠速运转，用拇指迅速将真空管口堵住。此时若感到有强烈的吸力，则表明发动机提供的真空度足够且真空管路正常；若无强烈吸力或根本无吸力，则应关掉发动机，检查真空管路是否损坏、卷曲、松动或堵塞。若真空管路损坏，则应予以更换；若真空管路正常，则应用真空表检查发动机怠速时进气歧管的真空度，发动机正常时，其真空表读数应在 40 ~ 67 kPa 内。若真空表读数小，表明提供真空源的发动机有问题。真空源提供真空表读数小的故障往往容易被人忽视，导致对真空助力器的错误诊断，甚至导致更换真空助力器，应引起注意。

2. 真空单向阀的检查

真空单向阀位于发动机进气歧管和真空助力器之间。发动机进气歧管的真空通过真空单向阀到达真空助力器，但真空助力器的真空不能通过该阀回流。因此，真空单向阀的作用是保证发动机停转后，真空助力器内的真空能维持一定的时间，保持一次有效的助力制动。

检查时，先将发动机怠速，然后关闭发动机并等待 5 min，再踩踏板施加制动，至少在一个踏板行程中应有助力作用。如果在第一次踩踏板时没有助力作用，则单向阀存在泄漏故障。进一步检查，将单向阀拆下，用嘴向单向阀进气歧管一端吹气，气流应不允许通过。真空单向阀反向泄漏时，应予以更换。另外，若真空单向阀有开闭受阻或卡住的现象，也应予以更换。

3. 真空助力器空气阀检查

真空助力器空气阀若存在漏气故障，汽车无制动行驶时，部分空气进入 B 腔而使膜片两侧 B、A 腔产生压差，导致助力器自动工作，促使车轮行驶阻滞力较大。这种故障具有很大的隐蔽性，导致汽车的动力性、经济性严重下降。

可通过以下两种方法进行检查：

（1）通过进行制动器阻滞试验检查真空助力器空气阀，方法如下：

① 把从动轴车轮升离地面悬空；

② 踩制动踏板数次，以便清除真空助力器内的残余真空；

③ 松开制动踏板，用手转动车轮，注意其阻力的大小；

④ 启动发动机，并再怠速运转 1 min，然后关闭发动机；

⑤ 再次用手转动其车轮，如果阻力增加，则说明真空助力器空气阀存在漏气故障，其原因是在真空助力器解除制动后，空气进入了真空助力器 B 腔。

（2）直接检查空气阀的密封性能。

方法是：放松制动踏板，发动机怠速运转时，悬一小束棉纱或纸条于空气阀进气口前方，如被吸入，说明空气阀密封不良，有漏气故障；如此时未被吸入，而当制动踏板刚一踏下时它便被吸入，说明空气阀良好，无漏气故障。上述真空助力器的检查方法，也适用于其他未装备真空储能器的轿车真空助力器。

五、驻车制动器检查及调整

1. 驻车制动系统

1）功　用

驻车制动系统主要由驻车制动杆、制动拉索及后轮制动器中的驻车制动器等组成，如图3-36所示。驻车制动器通常作用于后轮，主要用于在坡路或平路上停车或在紧迫情况下紧急停车。

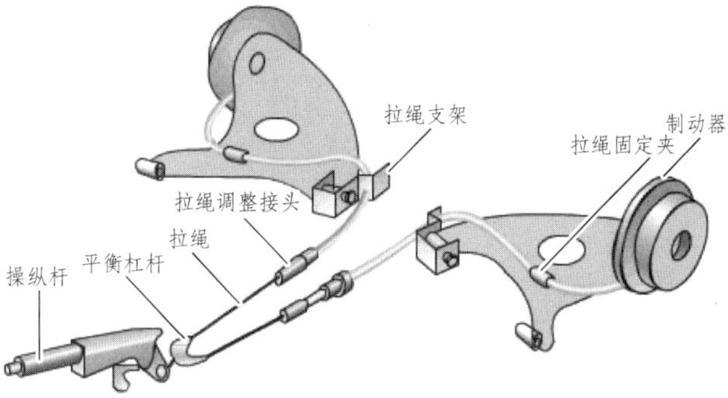

图3-36　制动系统结构组成

2）分　类

按驻车制动器在汽车上安装位置的不同，驻车制动装置可分为中央制动式和车轮制动式两种。前者的制动器通常安装在变速器后面，其制动力矩作用在传动轴上；后者和行车制动装置共用制动器（通常为后轮制动器），又称复合制动器，只是传动装置互相独立。驻车制动传动装置一般采用人力机械式，通过钢索或杠杆来驱动。

驻车制动器按其结构形式可分为鼓式（见图3-37）、盘式、带式和弹簧作用式。

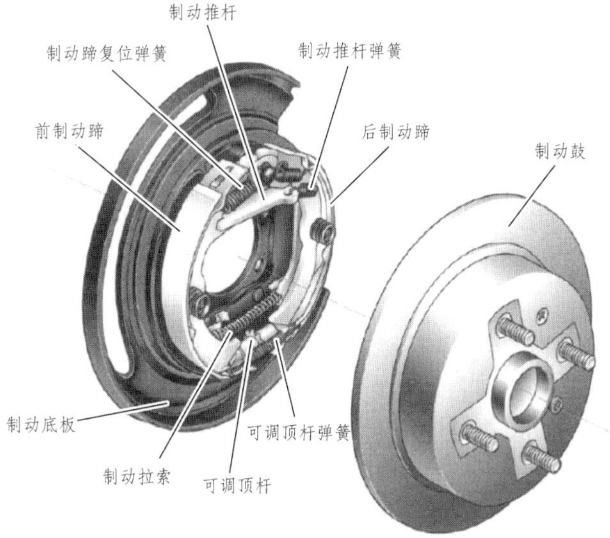

图3-37　鼓式制动器结构

3）工作原理

驻车制动时，拉起驻车制动杆，驻车制动杆力通过操作机构使驻车制动拉索收紧，拉索则拉动驻车制动杠杆的下端，使之绕上端支点顺时针转动，在制动杆转动过程中，其中间支点推动驻车制动推杆左移，使前制动蹄压向制动鼓。前制动蹄压向制动鼓后，制动推杆停止运动，则驻车制动杠杆的中间支点变成其继续移动的新支点，于是驻车制动杠杆的上端右移，使后制动蹄压靠在制动鼓上，从而产生制动作用。此时，驻车制动杆上的棘爪嵌入齿扇上的棘齿内，起锁止作用（见图 3-38）。

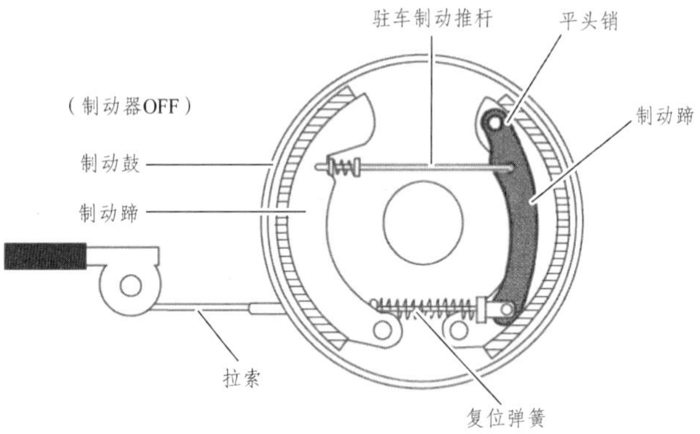

图 3-38　制动器未工作

解除驻车制动时，按下驻车制动杆上的按钮，使棘爪脱离棘齿，将驻车制动杆退回到释放制动位置，松开驻车制动拉索，则制动蹄在复位弹簧的作用下复位（见图 3-39）。

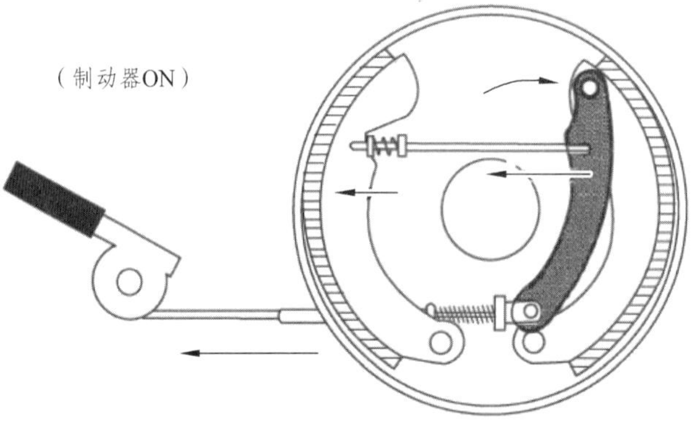

图 3-39　制动器工作

2. 驻车制动系统检查与调整

1）检　查

（1）进入驾驶室，按下驻车制动器操纵杆前端的按钮，放松驻车制动器。

注意：放松驻车制动器，为了便于检查车轮制动器的复位性能及制动踏板自由行程。

（2）踩制动踏板 2～3 次，然后彻底放松制动踏板。

注意：连续踩制动踏板，可使车轮制动器均处于工作状态。

（3）用手转动各个车轮，检查车轮转动情况，如图 3-40 所示。

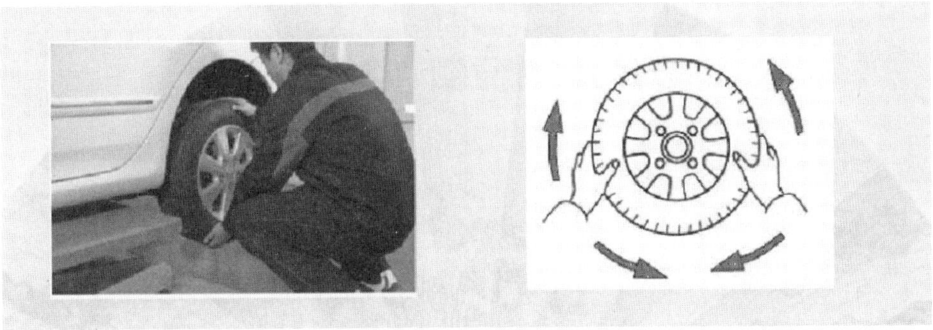

图 3-40　检查车轮转动情况

（4）拉紧驻车制动器的操作杆检查棘爪的锁定性能，如图 3-41 所示。

（5）按下驻车制动器操纵杆前端按钮，检查制动器解除锁定性能，如图 3-42 所示。

（6）转动后两车轮，检查车轮转动情况。

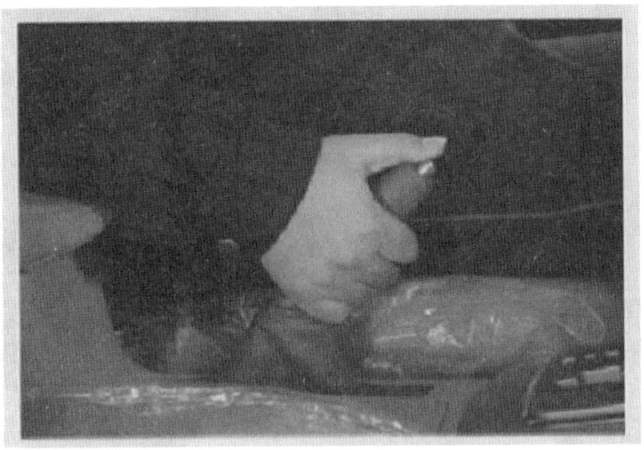

图 3-41　检查棘爪锁定性能

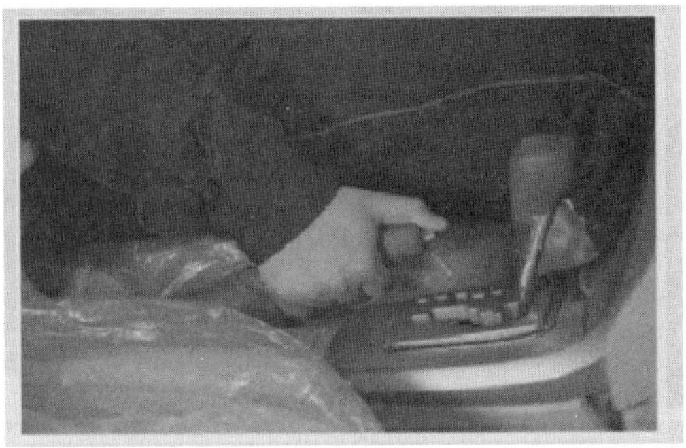

图 3-42　按下驻车制动器操纵杆前端按钮

（7）缓慢向上拉紧驻车制动器的操作杆，并计算“咔嗒”声响次数。

2）驻车制动器的调整

（1）拉动驻车制动器操纵杆，当听到棘轮“咔咔”2 次声响后，使操纵杆锁止于该位置。

（2）拆卸驻车制动器操纵杆上的装饰板，找到驻车制动器调整螺母并进行调整。

两人相互配合，调整驻车制动器。具体方法：一人转动后轮，另一人调整驻车制动器拉线上的调整螺母，当达到车轮不能转动时，即停止旋入调整螺母，然后将驻车制动拉线的锁紧螺母锁紧，如图 3-43 所示。

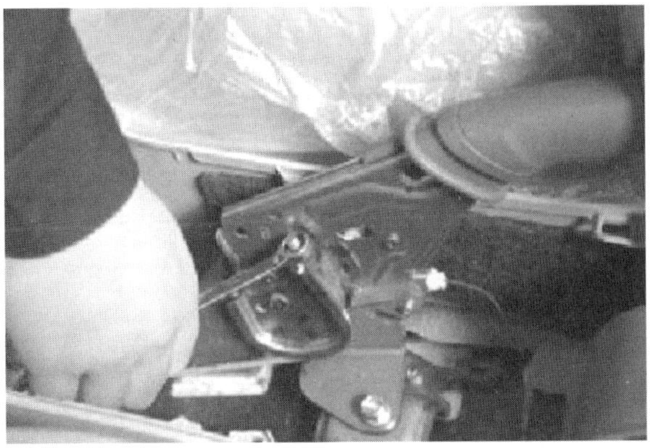

图 3-43　锁紧驻车制动拉线紧固螺母

任务五　电子制动功能检查

知识目标

◆ 1. 能了解电子制动系统的基本概念；
◆ 2. 能了解电子制动系统的组成及工作原理；
◆ 3. 能掌握电子制动功能检查的方法；
◆ 4. 了解驻车电子装置检查方法。

技能目标

◆ 1. 能对电子制动功能进行检查；
◆ 2. 能对驻车电子装置进行检查；
◆ 3. 能读取故障码与数据流。

一、电子制动系统

将具有 ABS、EBD、ASR 或 TCS、ESP 所有功能的制动系统称为电子制动系统（见图 3-44 和图 3-45）。

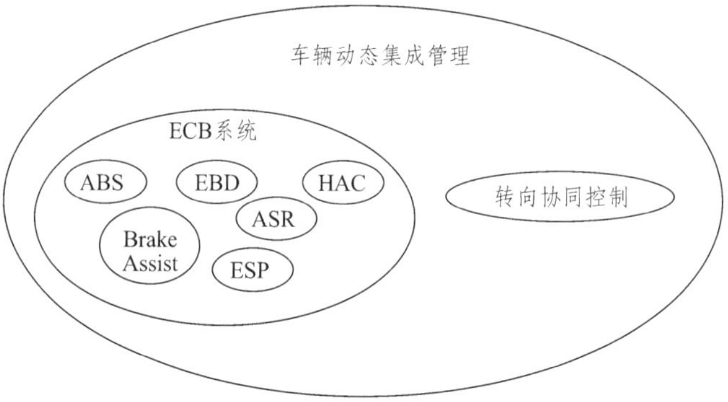

图 3-44　电子制动系统组成

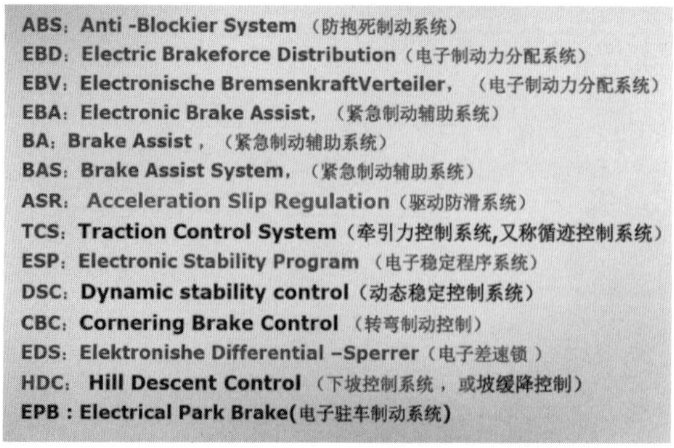
ABS：Anti -Blockier System （防抱死制动系统）
EBD：Electric Brakeforce Distribution（电子制动力分配系统）
EBV：Electronische BremsenkraftVerteiler，（电子制动力分配系统）
EBA：Electronic Brake Assist，（紧急制动辅助系统）
BA：Brake Assist ，（紧急制动辅助系统）
BAS：Brake Assist System，（紧急制动辅助系统）
ASR： Acceleration Slip Regulation（驱动防滑系统）
TCS：Traction Control System（牵引力控制系统,又称循迹控制系统）
ESP：Electronic Stability Program （电子稳定程序系统）
DSC：Dynamic stability control（动态稳定控制系统）
CBC：Cornering Brake Control （转弯制动控制）
EDS：Elektronishe Differential –Sperrer（电子差速锁 ）
HDC： Hill Descent Control （下坡控制系统，或坡缓降控制）
EPB : Electrical Park Brake(电子驻车制动系统)

图 3-45　简称释义

（一）ABS

车的制动性能是汽车的主要性能之一，重大交通事故往往与制动距离过长、紧急制动时发生侧滑等原因有关，所以汽车的制动性能是汽车安全行驶的重要保障。目前 ABS 防抱死制动系统已被广泛运用于汽车上。

防抱死制动系统（Antilock Brake System，ABS），其作用是在汽车制动时，自动控制制动器制动力的大小，使车轮不被抱死，处于边滚边滑（滑移率在 20%左右）的状态，以保证车轮与地面的附着力在最大值（见图 3-46）。

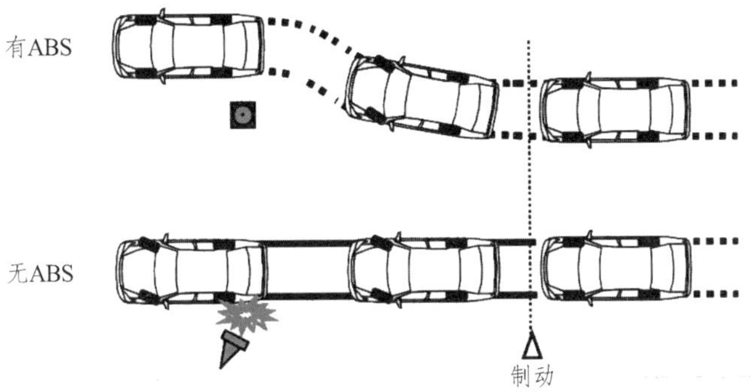

图 3-46　ABS 功能示意

1. ABS 的基本组成

ABS 的基本组成如图 3-47 所示，它通常由 4 个轮速传感器、制动压力调节器（制动执行器）、电子控制单元（ECU）、制动开关和警告指示灯等组成。

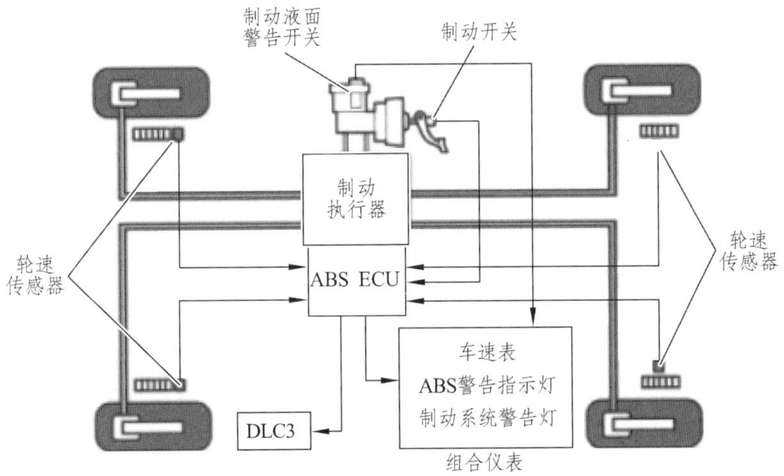

图 3-47　ABS 的基本组成

2. ABS 的工作原理

汽车制动时，轮速传感器将各车轮的转速信号输入 ECU，ECU 根据每个车轮轮速传感器输入的信号对车轮的运动状态进行监测和判定，并形成相应的控制指令，再适时发出控制指令给制动液压调节器，使制动液压调节器对制动器油压高速地进行“增压—保压—减压”的循环调节过程，使车轮的滑移率始终维持在 10%～30%之间，防止制动时车轮完全抱死，如图 3-48 所示。

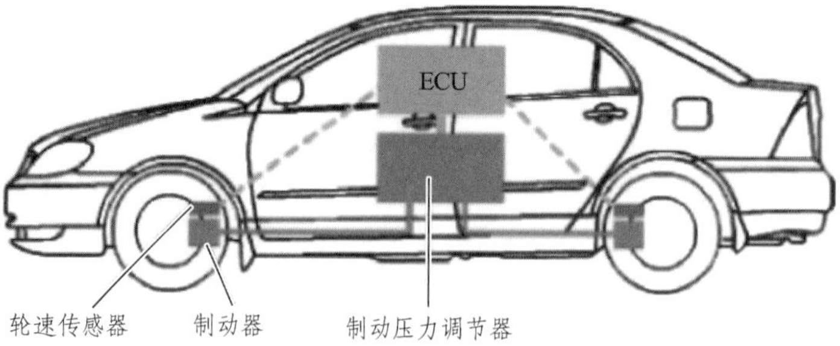

图 3-48　循环调节过程

3. 轮速传感器

车轮速度传感器的作用是检测车轮的旋转速度，并将速度信号转变为电信号再输入 ECU，4 个车轮的轮毂处均安装有轮速传感器，其安装位置如图 3-49 所示。目前，常用的轮速传感器主要有电磁式、霍尔式和可变磁阻式三种。

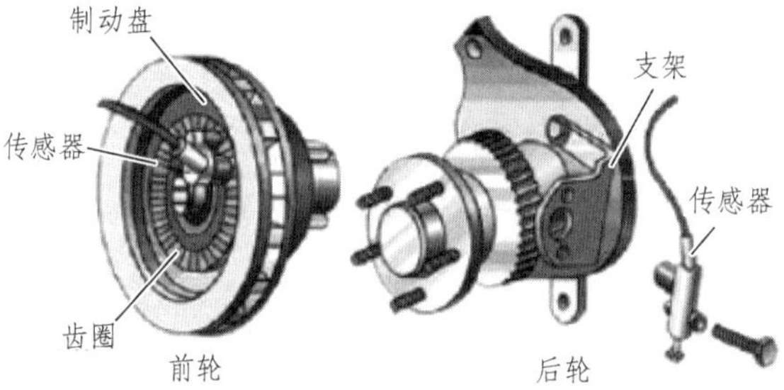

图 3-49　轮速传感器安装位置

1）电磁式轮速传感器

电磁式轮速传感器主要由传感器头和齿圈两部分组成，如图 3-50 所示。传感器头内部主要由永久磁铁和感应线圈等组成；齿圈一般安装在轮毂或轴座上，对于后驱动车辆，也可安装在差速器或传动轴上，并随车轮一起旋转。传感器头通过固定在车身上的支架安装在齿圈附近。当齿圈随车轮旋转时，传感器头通过磁通量的变化产生感应电压，并输送到 ABS ECU。其输出信号如图 3-51 所示。

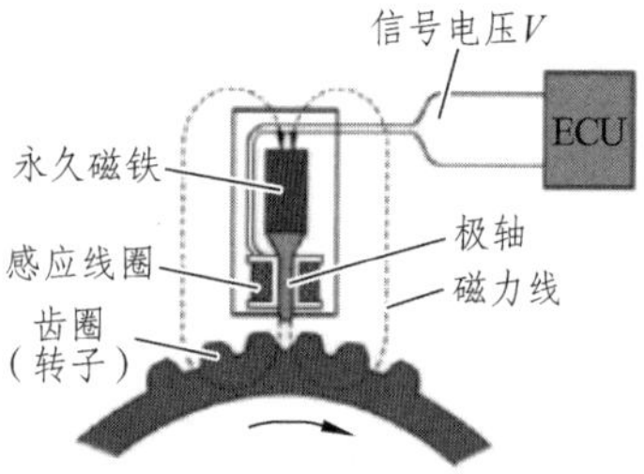

图 3-50　电磁式轮速传感器

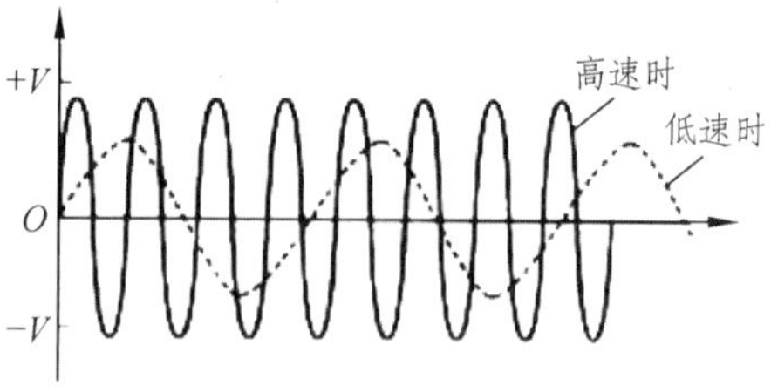

图 3-51　输出信号

2）霍尔式轮速传感器

霍尔式轮速传感器由传感器头和齿圈（脉冲发生轮）组成。传感器头由永久磁铁和霍尔元件等组成，如图 3-52 所示。永久磁铁的磁力线穿过霍尔元件通向齿圈，齿圈随车轮一起旋转，当齿顶对正霍尔元件时，通过霍尔元件的磁力线最密，磁场相对较强；当齿隙对正霍尔元件时，磁力线较疏，磁场强度较小。齿圈连续旋转，使得穿过霍尔元件的磁力线密度发生变化，因而引起霍尔电压的变化，霍尔元件将输出一个毫伏级的数字方波电压，如图 3-53 和图 3-54 所示。

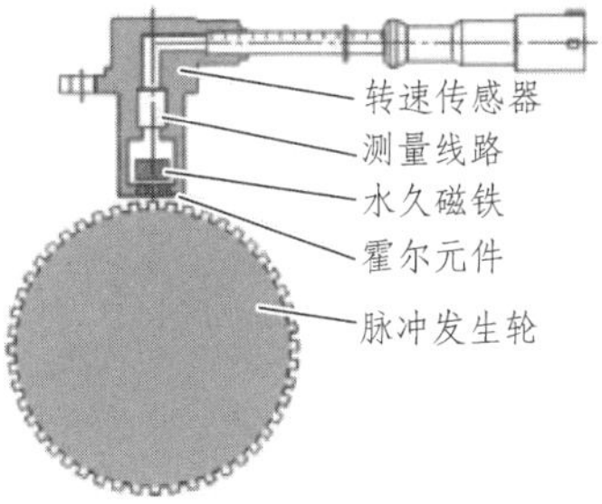

图 3-52　霍尔式轮速传感器

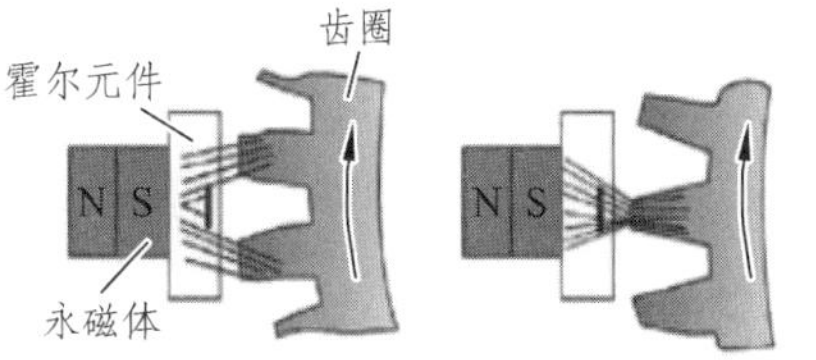

图 3-53　工作原理

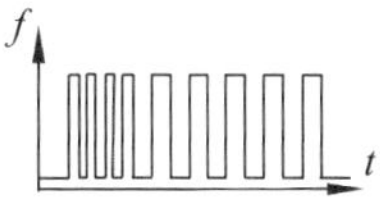

图 3-54　电压波形

3）可变磁阻式轮速传感器

可变磁阻式轮速传感器由传感器头和磁铁型转子组成，如图 3-55 所示。传感器头由 2 个磁阻元件（MREA、MREB）的传感器集成电路组成。磁铁型转子由排列成圆形的 N、S 磁极构成，并与轮毂轴承内座圈集成为一体。随着转子的转动，转子的 N 和 S 磁极交替通过传感器头的感测部分附近。传感器头将磁通量作为电流值输出。ECU 检测输出电流的变化以判定车轮转速。

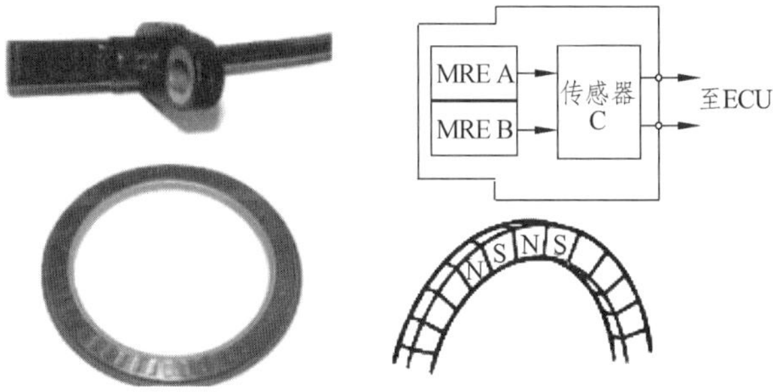

图 3-55　可变磁阻式轮速传感器

4. 制动压力调节器

制动压力调节器俗称 ABS 泵，安装在制动主缸和轮缸之间，一般与 ABS ECU 制成一体，如图 3-56 所示。它根据 ABS ECU 发出的控制信号，自动调节轮缸（制动分泵）的制动压力。制动压力调节器主要包括泵直流电机总成、蓄压器、压力开关和电磁阀等相关部件。

（a）ABS 泵

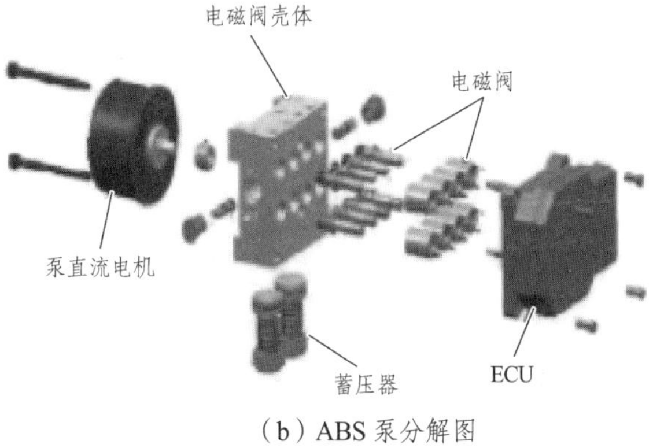

（b）ABS 泵分解图

图 3-56　ABS 泵及其分解图

1）升压控制过程

当驾驶员踩下制动踏板，制动主缸的压力升高，此时如果 ABS ECU 根据轮速传感器传来的信号判断车轮滑移率太低（小于 10%），ECU 控制制动压力调节器中的进油阀与出油阀电磁阀都不通电，制动液流向如图 3-57 所示，来自制动主缸的制动液直接进入轮缸，轮缸压力随主缸压力增加而增加，此时压力调节器的液压泵不工作。

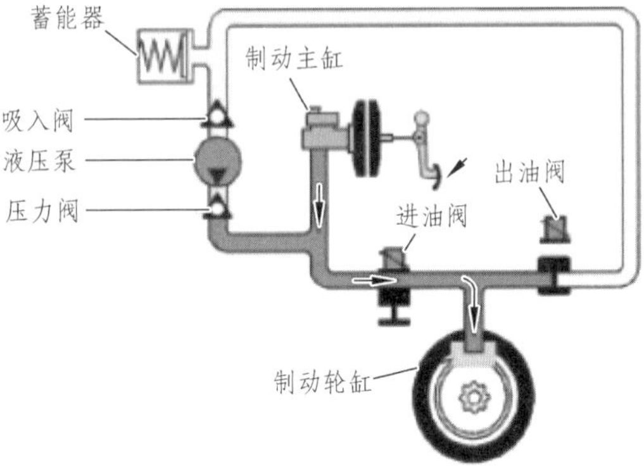

图 3-57　升压控制过程

2）保压控制过程

当驾驶员继续踩住制动踏板，制动主缸的压力继续升高，此时如果 ABS ECU 根据轮速传感器传来的信号判断车轮有抱死的趋势（滑移率 10%～30%），开始控制制动压力调节器中的进油电磁阀通电，进油阀通电后关闭，出油阀未通电继续关闭，位置如图 3-58 所示，来自制动主缸的制动液不能进入轮缸，这时如果主缸的压力继续增加，则轮缸压力保持不变，此时压力调节器的液压泵不工作（见图 3-58）。

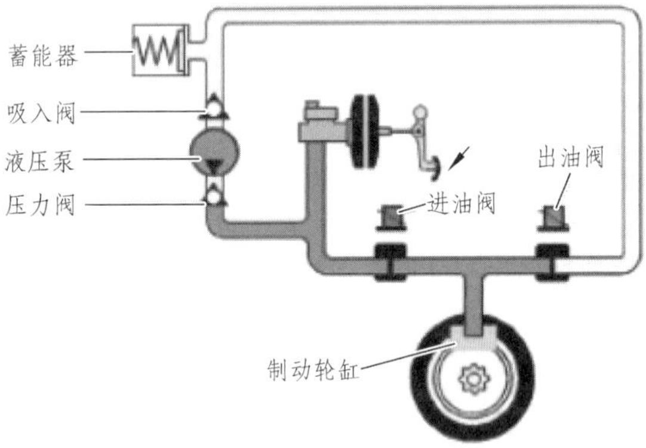

图 3-58　保压控制过程

3）减压控制过程

当 ABS ECU 根据轮速传感器传来的信号判断车轮仍然有抱死的趋势（滑移率大于 30%），开始控制制动压力调节器中的进油与出油电磁阀都通电，进油阀通电后关闭，切断主缸过来的制动液，同时，出油阀通电后打开，位置如图 3-59 所示，来自轮缸的制动液由液压泵送回主缸，轮缸压力减小，以防止车轮抱死。此时制动压力调节器的液压泵工作，它将轮缸流出的制动液加压输送到主缸。

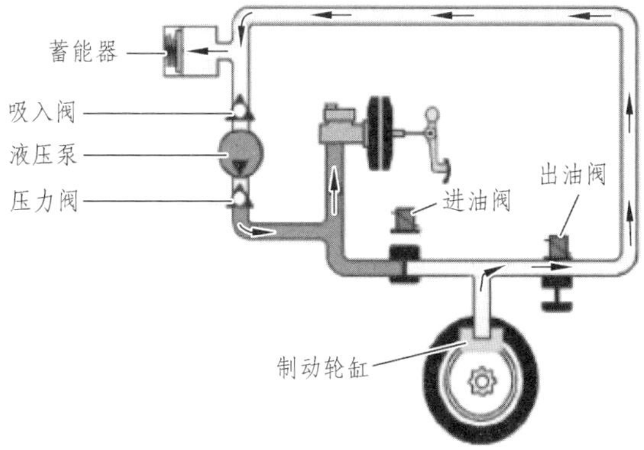

图 3-59　减压控制过程

5. ABS 控制单元（ECU）

ABS 控制单元根据来自轮速传感器的信号，计算车轮与路面之间的滑移率并进行控制。此外，它还监控整个 ABS 系统工作情况，如果有故障，将 ABS 系统关闭，并存储相应的故障码。当前 ABS 系统均将控制单元和制动压力调节器做成一体。

6. ABS 警告灯

防抱死制动系统警告灯位于组合仪表内，其图标如图 3-60 所示，当控制单元检测到 ABS 系统中有故障时，则该灯处于长亮的状态，以提醒驾驶员系统中有故障。

图 3-60　ABS 警告灯

7. 诊断接口

故障诊断接口位于仪表板的左下方，如图 3-61 所示。它用于连接汽车诊断仪器，使诊断仪器直接与 ABS 控制单元（ECU）沟通，读取 ABS 系统故障码或对传感器功能进行检查。

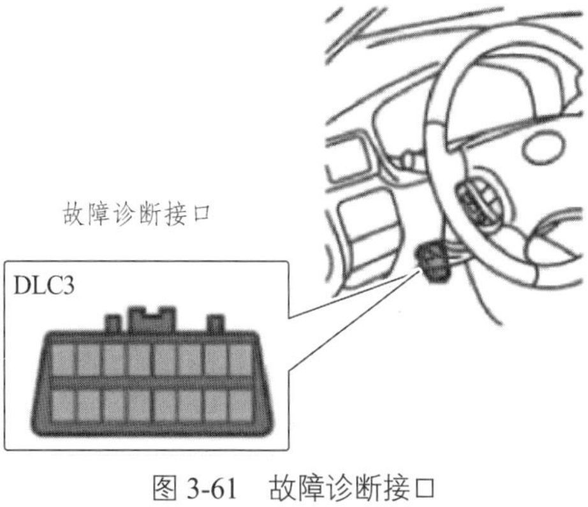

图 3-61　故障诊断接口

8. ABS 电路图

丰田卡罗拉汽车 ABS 电路图如图 3-62 所示。

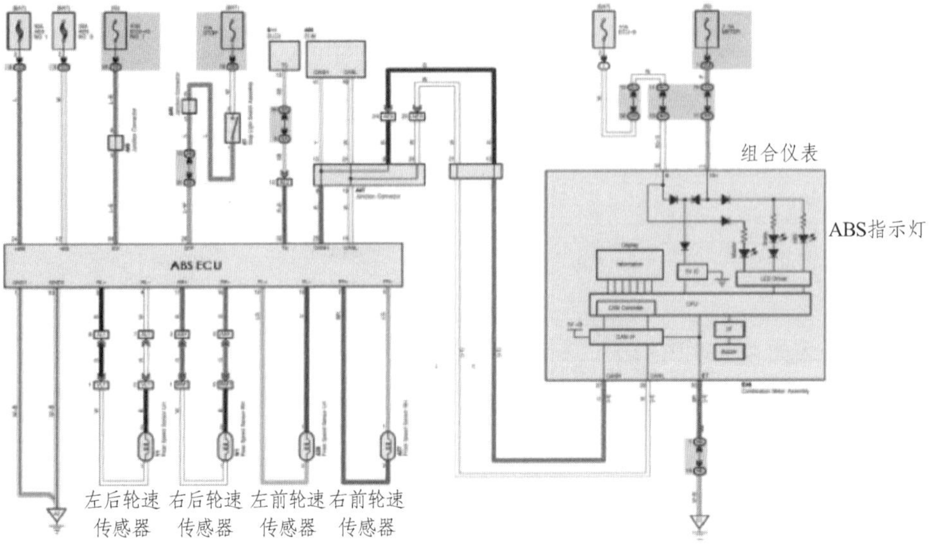

图 3-62　丰田卡罗拉汽车 ABS 电路图

（1）EBD。

EBD 是 ABS 的辅助系统。在紧急刹车的情况下，EBD 在 ABS 动作之前就已经平衡了每一个车轮的有效地面抓地力，使 4 只轮胎的制动装置根据不同情况采用不同的方式和力量制动，从而保证车辆的平稳。

（2）ASR。

驱动防滑系统（Acceleration Slip Regulation），简称 ASR，其作用是防止汽车起步、加速过程中驱动轮打滑，特别是防止汽车在非对称路面或转弯时驱动轮空转，并将滑移率控制在 10%～20%内。

（3）ESP。

车身电子稳定系统（ESP），旨在提升车辆操控表现的同时，有效地防止汽车达到其动态极限时失控的系统或程序的统称。电子稳定程序能提升车辆的安全性和操控性。

二、电子制动功能检查

检查 ABS 的功能是否正常，可以先进行基本检查，再读取故障码与数据流等进行判断。

1. 基本检查

（1）检查制动主缸上的储油罐液面是否正常。

（2）检查 ABS 泵与制动主缸的连接管路是否有漏油或严重腐蚀情况。

（3）检查 ABS 泵与 4 个轮缸的连接管路是否有漏油或严重腐蚀情况。

（4）用手稍许晃动 ABS ECU 连接插头和各轮速传感器连接插头，检查是否存在脱落或松动现象。

（5）检查刹车灯，当踩下制动踏板时灯是否点亮；当松开制动踏板时灯是否熄灭。

2. 故障码与数据流读取

（1）选取 OBD-Ⅱ的故障诊断插头，并连接好数据线与诊断仪。

（2）将故障诊断仪与仪表板左下方的故障诊断座连接。

（3）打开点火开关，再按下故障诊断仪的电源键。

（4）选择车型，选择防抱死制动系统。

（5）选择读取故障码，并记录故障码。

（6）清除故障码。

（7）再次读取故障码。

（8）举升车辆到轮胎离开地面。

（9）读取 4 个车轮的静态数据流。

（10）启动发动机，并挂入 D 挡，松开制动踏板，读取 2 个前轮的动态数据流，检查数据流是否随车轮转速的变化而变化。

（11）协助人员快速转动后车轮，读取 2 个后轮的动态数据流，检查数据流是否随车轮转速的变化而变化。

三、电子驻车制动系检查

过去为了能够确保驻车成功，驾驶员必须用力拉手动制动杆或用力踩脚部空间里的辅助制动踏板，现在只需要轻按仪表板上的开关即可。这是因为在车辆中安装了电控机械式驻车制动器替代常规的手动驻车制动器。电控机械式驻车制动器不仅在驻车时提供辅助，在山路行驶时，可通过它的智能操作，能够确保车辆能安全制动并保持一个必需的停顿。

1. 电子驻车制动系统元件布置及主要结构（见图 3-63 和图 3-64）

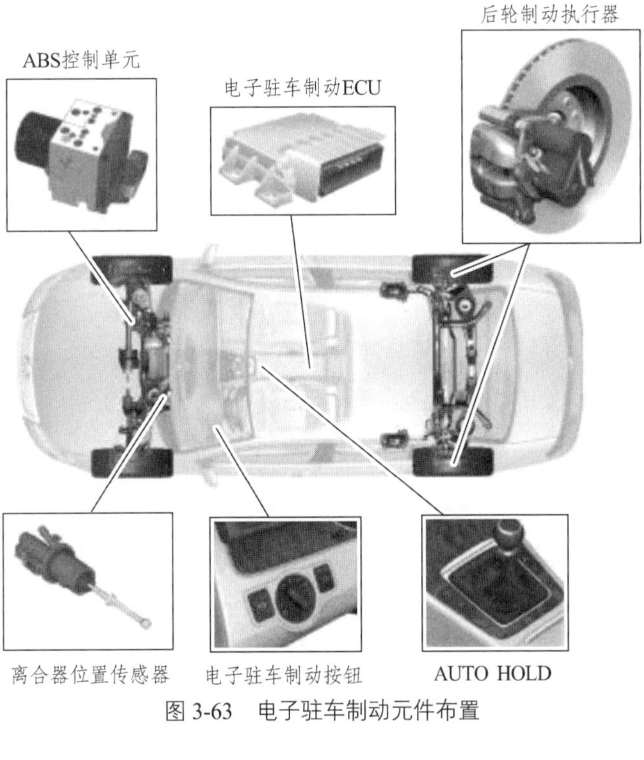

图 3-63　电子驻车制动元件布置

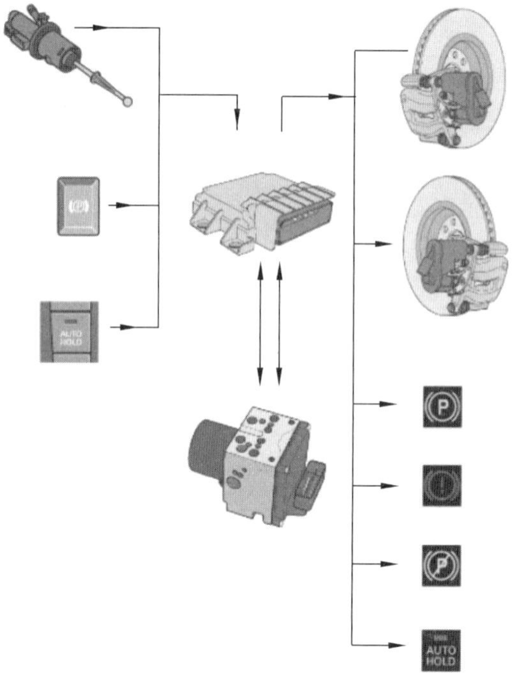

图 3-64　电子驻车制动系统基本组成

1）后车轮制动执行器

制动执行器（见图 3-65）是一个电控机械式伺服单元，它集成在后车轮制动钳中。通过电机、多级变速器及螺杆传动，制动执行器将命令“操作驻车制动器”转换成相应的力，然后制动摩擦片，并以此力压靠到制动盘上。

图 3-65　后车轮制动执行器

2）离合器位置传感器

离合器位置传感器固定在主动缸上。通过这个传感器可以获知驾驶员是否踩了离合器踏板（见图 3-66）。

在下列情况中需要使用离合器位置传感器信号：

（1）用于发动机启动；

（2）为了关闭定速巡航装置；

（3）为了暂时降低喷射量，阻止由此而产生的换挡过程中发动机急冲现象，以及用于电控机械式驻车制动器“动态启动辅助”功能。

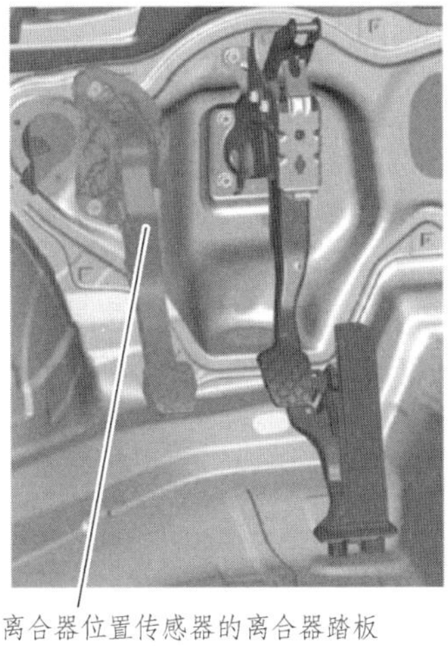

图 3-66　离合器踏板

3）电控机械式驻车制动器按钮

通过电控机械式驻车制动器按钮（见图 3-67）可以打开或关闭电控机械式驻车制动器。这个按钮位于车灯旋钮左侧。

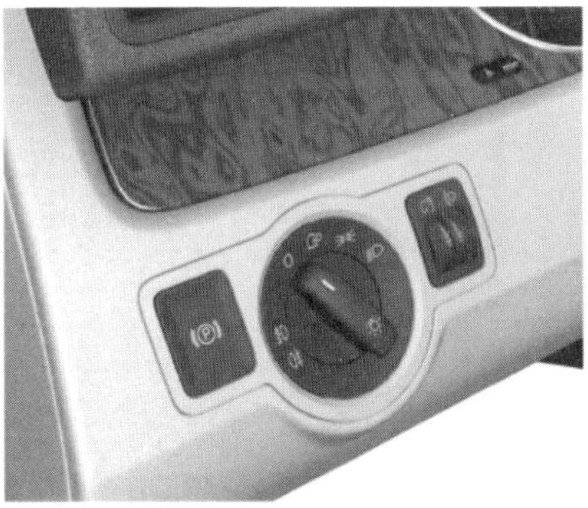
图 3-67　电控机械式驻车制动器按钮

4）指示灯

电控机械式驻车制动器指示灯（见图 3-68）位于电控机械式驻车制动器按钮中。按下按钮且驻车制动器打开时，指示灯点亮（见图 3-69）。

图 3-68　电控机械式驻车制动器指示灯

图 3-69　制动装置指示灯

2. 电控机械式驻车制动器的优点

与传统的手动制动器相比，电控机械式驻车制动器具有很多优点（见表 3-1）:

（1）在内部空间结构中有更大的自由度，无须安装手动制动杆，并可由一个按钮替代，这样就可以使内部空间结构具有更大的自由度，并可使中控台和脚部空间的设计更自由。

（2）对于顾客来说扩展了功能性。由于使用了电子控制系统和 CAN 联网，电控驻车制动器能提供给顾客更多有用的功能［例如 AUTOHOLD（自动保持）功能或动态启动辅助功能］以及更高的舒适度。

表 3-1 电控机械式驻车制动器与传统的手动驻车制动器的比较

项目	驻车制动器	电控机械式驻车制动器
操作	操作拉驻车制动杆	按电控机械式驻车制动器按钮
松开	松开驻车制动杆	按电控机械式驻车制动器按钮
在斜坡上启动	很难同时操作驻车制动器、油门和离合器踏板	在车辆启动时，电控机械式驻车制动器自行松开
起—停	经常关闭和打开手动制动器或经常踩脚制动器	在 AUTO HOLD 功能接通的状态下，每次驻车时，车辆自动停住

3. 电子驻车系统指示灯检查

1）指示灯检查

电控机械式驻车制动器故障指示灯（见图 3-70）位于组合仪表中。如果制动装置发生故障，故障指示灯点亮，请立即将车辆送至工厂检修。

图 3-70 电控机械式驻车制动器故障指示灯

指示灯位于 AUTO HOLD 按钮中，按下按钮且 AUTO HOLD 打开时，指示灯点亮。

2）电控机械式驻车制动器的功能

电控机械式驻车制动器提供给驾驶员以下功能:

（1）驻车制动功能;

（2）动态启动辅助功能;

（3）动态紧急制动功能;

（4）AUTO HOLD 功能。

根据车速基本上可以将制动模式分为两种：一种是静态模式（车速低于 7 km/h），另一种是动态制动（车速高于 7 km/h）。静态模式下，驻车制动器的开启和关闭为电控机械式。动态制动模式下，由于 ABS/ESP 系统车辆会减速，即所有车轮的制动由液压控制。

项目四　安全系统部件检查与保养

任务一　安全气囊系统检查

知识目标

- 1. 了解安全气囊系统的作用；
- 2. 了解安全气囊系统的组成；
- 3. 了解安全气囊相关注意事项；
- 4. 掌握安全气囊的拆装；
- 5. 掌握安全带及其锁扣的拆装；
- 6. 掌握碰撞传感器的拆装。

技能目标

- 1. 能进行安全带功能与指示灯的检查；
- 2. 能进行安全气囊系统故障码与数据流的读取；
- 3. 掌握安全气囊的拆装流程；
- 4. 掌握安全带及其锁扣的拆装流程；
- 5. 掌握碰撞传感器的拆装流程。

一、安全带功能及指示灯检查

1. 汽车安全带的功用

安全带拉紧器也称预紧式安全带，在车辆发生碰撞时，气囊控制模块在引爆气囊的同时，也引爆安全带拉紧机构，使安全带瞬间收缩，能够更加有效地保护驾乘人员的安全，其工作原理见图 4-1。

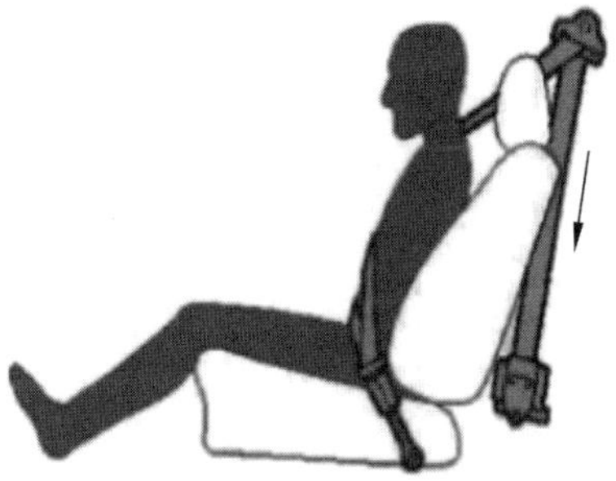

图 4-1　预紧式安全带工作原理

安全带最主要的作用就是保护行车者的安全，是驾驶员行车安全中必不可少的保障，是一种被动安全。即便汽车在较慢速度下行驶，若发生碰撞或紧急制动，虽然产生的惯性力相对较小，但仍足以使驾乘人员无法控制身体，与方向盘、挡风玻璃等坚硬部件碰撞，对身体造成伤害，所以安全带能够起到很好的保护作用。

2. 汽车安全带功能及指示灯的检查

（1）汽车安全带的检查方法：抓住安全带缓慢往外拉，将越拉越长，可检查安全带是否有划痕或损伤，如有，则其不正常，需要更换。

（2）缓慢拉出安全带应无卡滞；快速拉出安全带应能瞬间卡住；松开安全带应能自动地完全收缩，否则说明安全带损坏，需更换。

（3）启动车辆，检查安全带指示灯是否点亮，点亮情况是否正常。

（4）打开点火开关，仪表内的安全带未系指示灯（见图 4-2）应点亮。拉出驾驶员侧安全带插入安全带座孔，指示灯应立即熄灭。

图 4-2　安全带指示灯

3. 汽车安全带锁扣的拆装

（1）汽车的安全带卡扣位于座位的侧面，主驾驶的安全带在右侧，副驾驶的在左侧（见图 4-3）。

图 4-3　安全带卡扣位置

（2）安全带插头上面红色的按钮为解锁按钮，按下即可拆开安全带卡扣（见图 4-4）。

图 4-4　红色按钮为解锁按钮

（3）最上方的金属插销是安全带的卡扣插销（见图 4-5）。

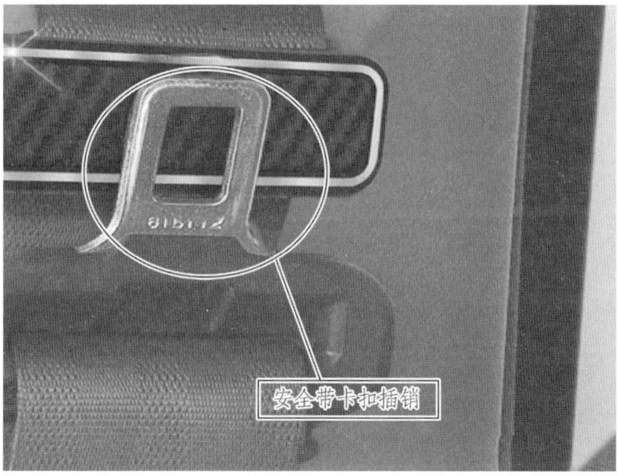

图 4-5　安全带卡扣插销

（4）插入时要正对孔位才能插入，注意要插到锁内部（见图 4-6）。

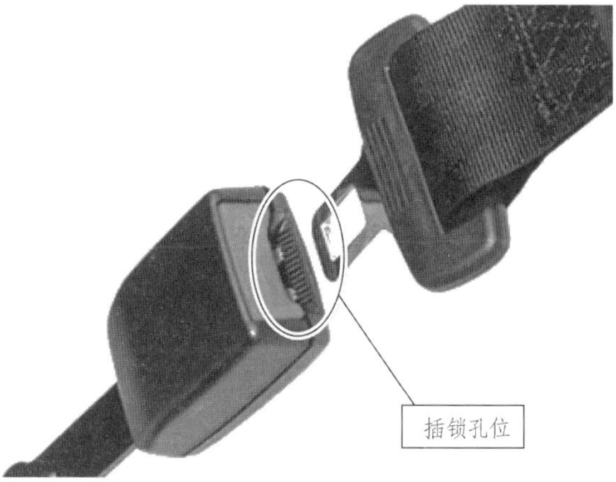

图 4-6　插锁孔位

（5）需要拆开时，按下上方的红色按钮即可解锁拆开（见图 4-7）。

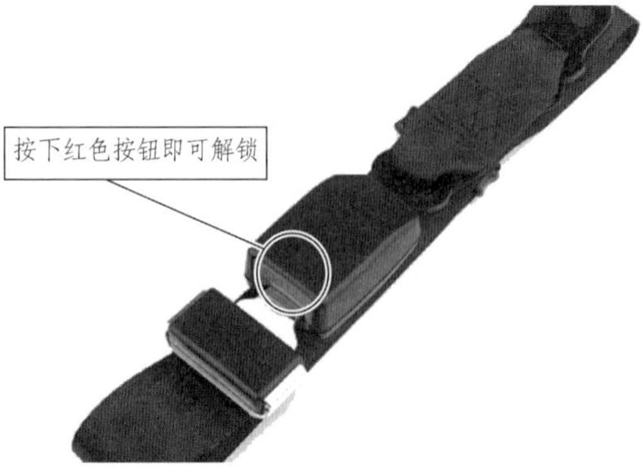

图 4-7　红色按钮

二、汽车安全气囊的拆装

汽车的安全系统可分为主动安全系统和被动安全系统，如制动系统属于主动安全系统，而安全气囊系统和安全带则属于被动安全系统。安全气囊（Air Bag）系统又称辅助约束系统（Supplemental Restraint System，简称 SRS）。

1. 安全气囊系统的功用

碰撞时，若冲击力超过规定限度，气囊引爆张开，缓冲乘员与汽车的二次碰撞。同时碰撞终了时，气体通过排气口逸出，解除对乘员的约束（见图 4-8）。

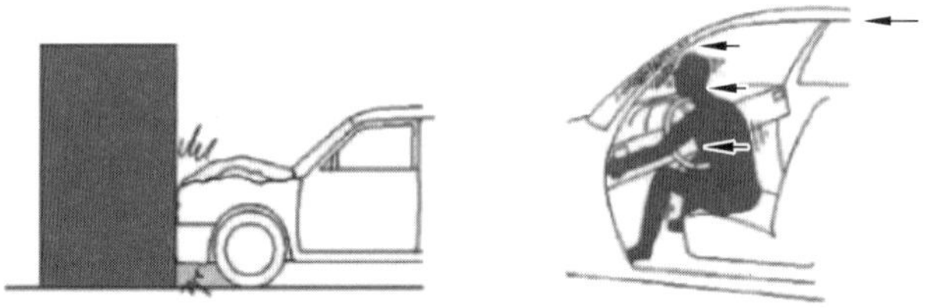

（a）　　　　　　（b）

图 4-8　一次碰撞与二次碰撞

2. 安全气囊系统的类型

安全气囊按其安装位置不同可分为主气囊、副气囊、侧气囊、侧气帘等。按其传感器结构不同可分为机械式和电子式两种。按其点火类型不同可分为单级点火和多级点火。按其气囊个数不同可分为单气囊系统、双气囊系统和多气囊系统。

3. 安全气囊系统的组成

安全气囊系统主要部件在车辆上的位置如图 4-9 所示，它主要由传感器（前气囊碰撞传感器、侧气囊碰撞传感器）、电子控制单元（ECU）、气囊组件、执行器、螺旋电缆和 SRS 警告灯等组成。

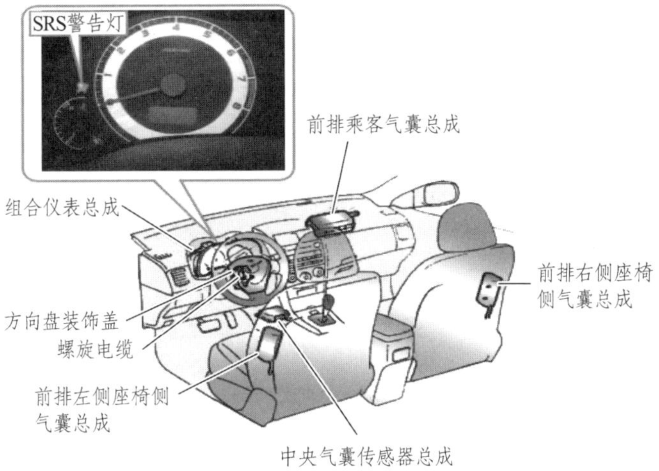

图 4-9　安全气囊系统

1）电子控制模块（ECU）

电子控制模块（见图 4-10）的主要功用是监测汽车减速度或惯性力是否达到设定阈值，控制气囊组件中的点火器引爆点火剂。在汽车行驶过程中，电子控制模块不断接收碰撞传感器和安全传感器传来的车速变化信号，经过数学计算和逻辑判断后，确定是否发生碰撞。当判断结果为发生碰撞时，立即运行控制点火的软件程序，并向点火电路发出点火指令引爆点火剂，点火剂引爆时产生大量热量，使充气剂受热分解释放气体给安全气囊充气。除此之外，由于控制模块还要对控制组件中关键部件的电路（如传感器电路、备用电源电路、点火电路、安全指示灯及其驱动电路）不断进行诊断测试，并通过安全指示灯和存储在存储器中的故障代码来显示测试结果。仪表盘上的安全指示灯可直接向驾驶员提供安全气囊系统的状态信息。

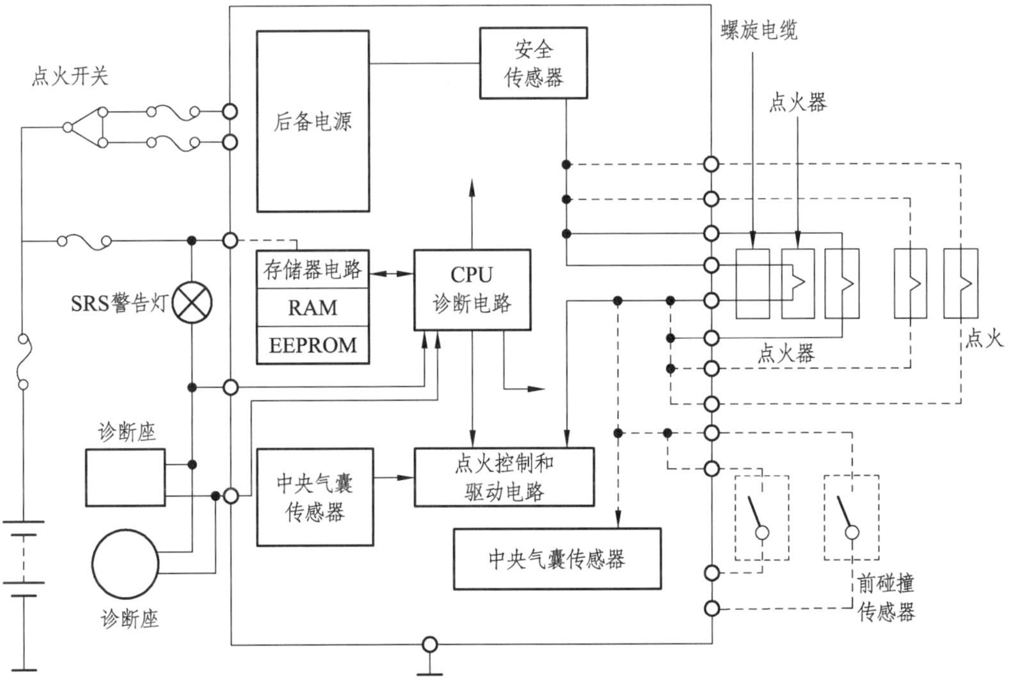

图 4-10　电子控制模块

2）气囊组件

气囊组件主要由驾驶侧气囊组件、乘员侧气囊组件、侧气囊组件等组成，每个气囊组件内均有一个气体发生器和气囊袋，它们的外形结构虽然有较大的区别，但工作原理相同。

（1）气体发生器，在金属容器内装有引燃器和气体发生剂等。它的作用是：当车辆发生碰撞时，引燃器通电产生高温，使增强剂燃烧，气体发生剂在高温作用下发生化学反应瞬间生成大量氮气送入气囊袋内，使气囊袋展开（见图 4-11 和图 4-12）。

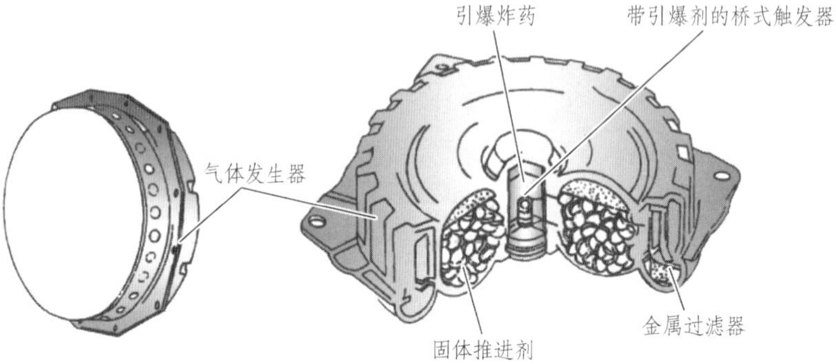

图 4-11　气体发生器

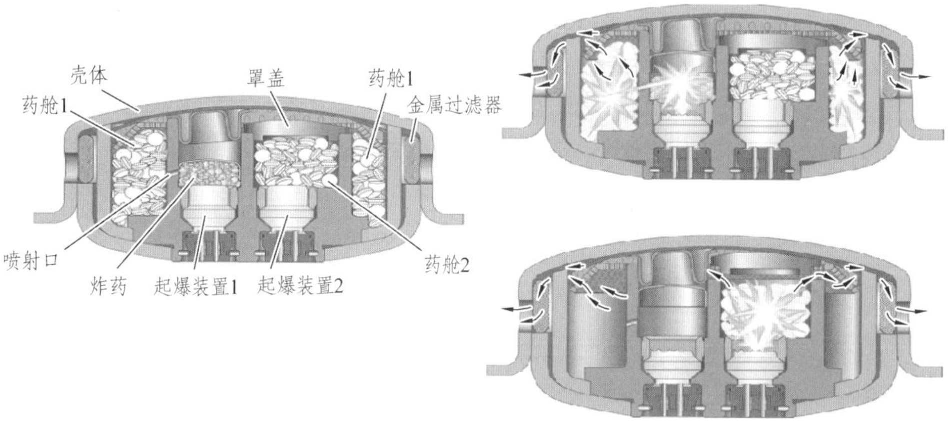

图 4-12　气体发生器工作原理

（2）驾驶侧气囊组件又称主气囊，它安装在方向盘的中央，如图 4-13 所示。当车辆发生碰撞时，气囊 ECU 控制气体发生器向气囊袋内充气，气囊袋迅速膨胀在驾驶员的前方，形成一个缓冲软垫保护层，从而保护驾驶人的安全。在气囊袋织物的上方开有几个小孔，目的是在气囊工作后，气体能够迅速释放，如图 4-13 所示，如果气囊内的气体不能及时释放，将会挤压驾驶员，导致驾驶员在车辆发生碰撞后无法离开座位。

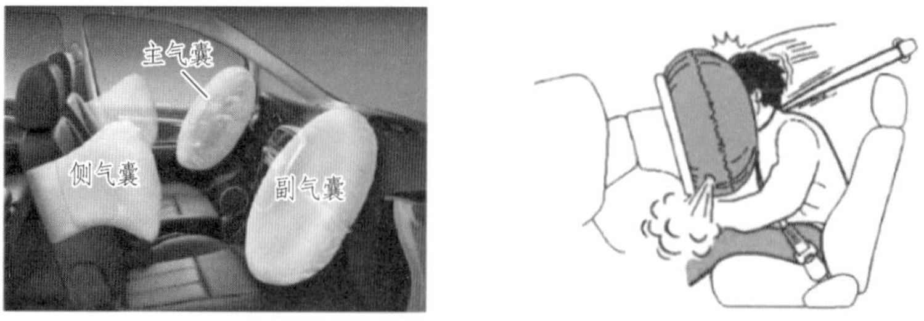

图 4-13　气囊组件及气囊工作效果图

（3）前乘员侧气囊组件又称副气囊。它的外形虽然与主气囊有很大区别，但工作原理相同，部分车辆的副气囊装饰盖和仪表台面板总成制成一体，所以在副气囊爆炸后，往往需要更换仪表台面板总成，现在许多车辆的副气囊在乘员侧座椅下面安有一个传感器，当前乘客座椅上有人时，副气囊才会引爆；否则，副气囊在车辆发生碰撞时不会引爆。

3）螺旋电缆

螺旋电缆也称时钟弹簧，安装在转向柱上，位于方向盘的下方，其作用是连接驾驶侧气囊导线连接器和转向柱上的导线连接器，内部结构与钢卷尺相似。它往往和喇叭线束以及自动巡航控制线束制成一体。螺旋电缆是本系统中最易损坏的部件之一，属于机械式导线装置；在检修转向柱或转向器时，特别是在将转向盘与转向柱拆开时，禁止转动转向，以免拉断或折断锁簧（见图 4-14）。

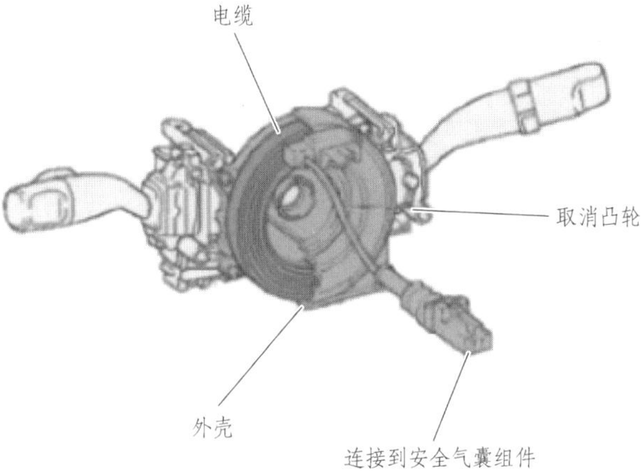

图 4-14　螺旋电缆安装位置

4）气囊警告灯

气囊警告灯（见图 4-15）的符号通常用 SRS"、AIR BAG 或如图 4-15 所示的图标等表示。它的作用是指示气囊系统的功能是否正常。

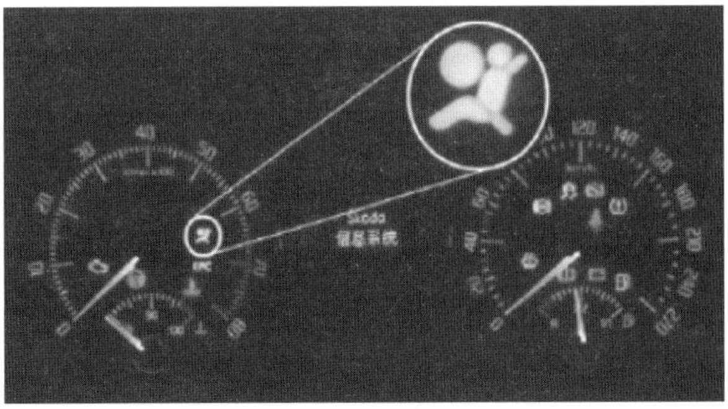

图 4-15　气囊警告灯

4. 安全气囊系统的工作原理（见图 4-16 和图 4-17）

碰撞 → 传感器 → 电子传感器 → 气体发生器 → 气囊展开 → 保护

图 4-16　安全气囊系统的工作原理 1

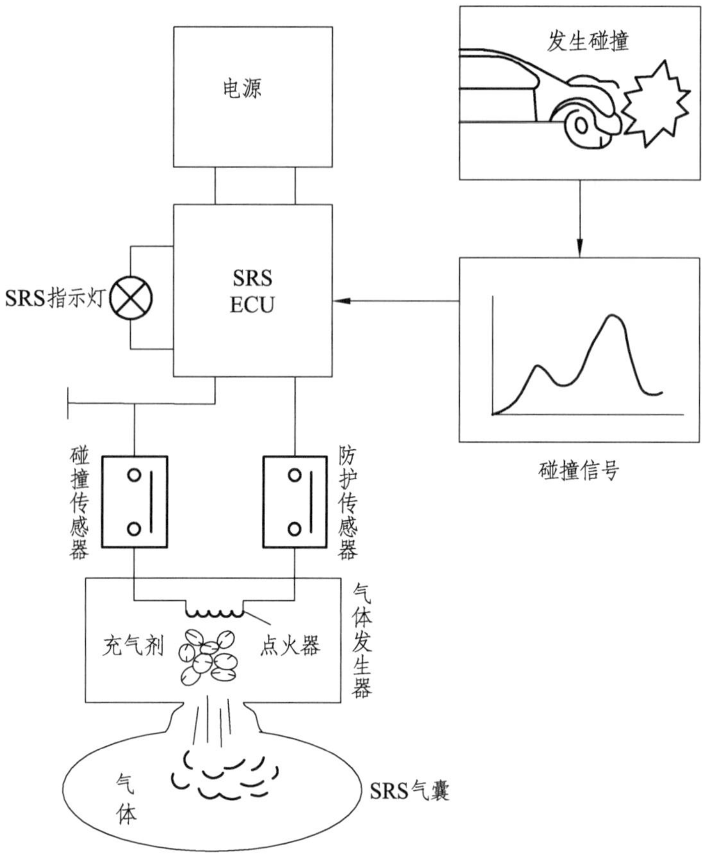

图 4-17　安全气囊系统的工作原理 2

5. 安全气囊的拆装步骤

（1）拆卸安全气囊之前必须先拆除蓄电池的负极，使全车处于断电状态。

（2）把方向盘回正后先找到位于安全气囊盖的拆卸孔。

（3）将螺丝刀插入顶开锁扣。

（4）顶开另一侧的拆卸孔和底部的锁扣。

（5）将线束的固定扣揭开。

（6）将方向盘内部的喇叭搭铁拆下。

（7）用螺丝刀调开两侧的黄色锁后拔下插头。

（8）用螺丝刀顶开主驾驶的解锁扣即可。

三、汽车碰撞传感器的拆装

1. 碰撞传感器的功用及组成

碰撞传感器又称为撞击传感器。电子控制式安全气囊系统采用的碰撞传感器按作用可分为碰撞传感器和安全传感器两大类。碰撞传感器的作用是检测车辆发生碰撞时的减速度或惯性力，并将信号送到安全气囊系统的专用电子控制单元。碰撞传感器又分为车前传感器和中央传感器两类。安全传感器的作用是防止前碰撞传感器短路而造成气囊误张开，其信号是供电子控制单元判断是否发生碰撞。在安全气囊系统中，只有当安全传感器与任意一碰撞传感器同时接通时，气囊回路才能接通，气囊才可能充气。目前常用的碰撞传感器主要有机械式碰撞传感器和电子碰撞传感器。

（1）机械式碰撞传感器。

此类传感器主要由弹簧、质量块等构成。当其承受一定时间及一定强度的加速度时，质量块由于惯性作用触发机械开关从而点爆气囊。机械式碰撞传感器主要有滚球式碰撞传感器、滚轴式碰撞传感器、偏心锤式碰撞传感器。下面以滚轴式碰撞传感器为例说明其工作原理。

滚轴式碰撞传感器主要由止动销、滚动触点、滚轴、片簧、底座等组成。当传感器处于静止状态时，滚轴在片状弹簧的弹力作用下滚向止动销一端，滚动触点与固定触点处于断开状态，如图 4-18（a）所示，传感器电路断开。当汽车遭受碰撞且减速度达到设定阈值时，滚轴产生的惯性力将大于片状弹簧的弹力。滚轴在惯性力作用下就会克服弹簧弹力向右滚动，滚动触点与固定触点接触，如图 4-18（b）所示。当传感器用作碰撞信号传感器时，滚动触点与固定触点接触则将碰撞信号输入 SRS ECU；当传感器用作碰撞防护传感器时，则将点火器电源电路接通。

（2）电子式碰撞传感器主要有压电式、压阻式、电容式几种形式。

压电式碰撞传感器是利用压电效应制成的传感器。压电效应是指压电晶体在压力作用下，晶体外形发生变化而使其输出电压发生变化的效应。压电晶体通常由石英或陶瓷制成。在压力作用下，压电晶体的外形和输出电压就会发生变化。

当汽车遭受碰撞时，传感器内的压电晶体在碰撞产生的压力作用下，输出电压就会变化。SRS 计算机根据电压信号强弱便可判断碰撞的烈度。如果电压信号超过设定值，SRS 计算机就会立即向点火器发出点火指令，引爆点火剂使气体发生器给气囊充气，SRS 气囊膨开，达到保护驾驶员和乘员之目的。

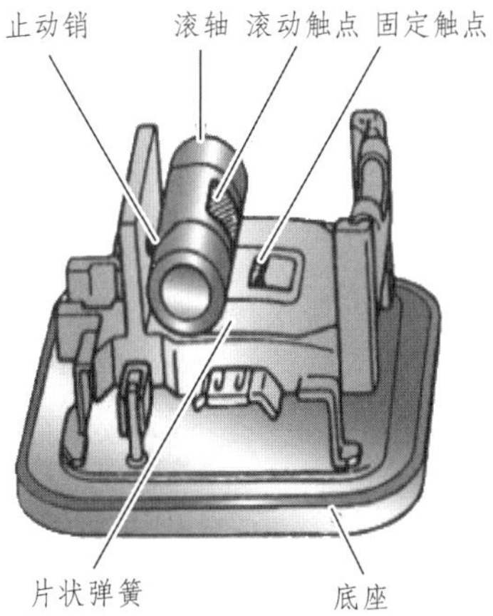

（a）静止状态

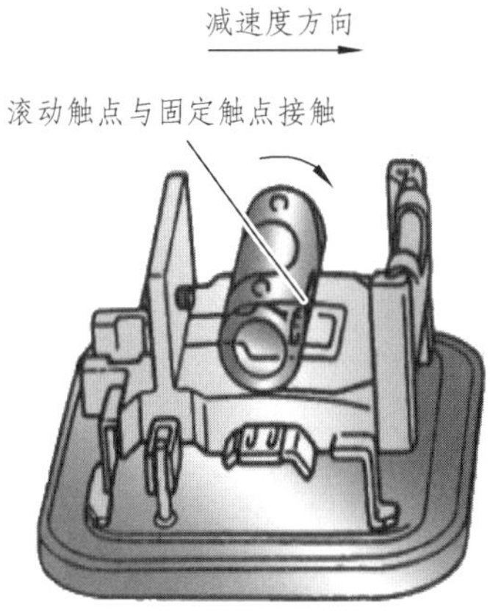

（b）碰撞状态

图 4-18　机械式碰撞传感器

压阻式碰撞传感器由在硅梁上制成的硅片电阻构成桥路，硅梁变形时，桥路中电阻变化而引起输出电压变化。

电容式碰撞传感器由硅栅组成的电容极板组成，硅栅变形时，电容变化引起输出电压变化。

2. 碰撞传感器的拆装步骤

（1）取下门框密封橡胶条；

（2）拆下左侧中柱下装饰板；

（3）拆下侧碰撞传感器；

（4）拔下传感器插头；

（5）检查碰撞传感器外观；

（6）装回碰撞传感器；

（7）预紧碰撞传感器螺栓；

（8）紧固碰撞传感器螺栓。

四、安全气囊系统检查注意事项

1. 故障码与数据流的读取

（1）将点火开关置于 ON（IG）位置时，仪表内的 SRS 指示灯应点亮约 6 s，然后熄灭；如果不熄灭，说明气囊自诊断系统检测到故障，此时首先应读取故障码。

（2）将点火开关置于 OFF 位置，然后将故障诊断仪连接到故障诊断座。

（3）将点火开关置于 ON（IG）位置，并按下诊断仪电源键。

（4）选择要检测的车型，进入安全气囊系统。

（5）选择读取故障码，并记录故障码。

（6）清除故障码，再重新读取故障码。

（7）根据故障码，查找维修手册，再根据维修手册流程查找故障原因。

2. 安全气囊相关注意事项

（1）安全气囊必须与安全带同时使用，如果不系好安全带，即使有气囊，在碰撞时也可能造成严重伤害甚至死亡。在撞车事故中，安全带可以减小乘员撞击车内物体或被抛出车外的危险，而气囊是用来与安全带协同工作而不是用来取代安全带的。种种迹象表明，安全气囊必须与安全带同时使用。

（2）乘车时与气囊保持合适的距离，如果离气囊太近，可能会受到严重伤害。在撞车前和撞车过程中，安全带可以保持住乘员的位置。切记，即使有气囊，也要系好安全带，且驾驶员应当在保证能够操控车辆的前提下尽量靠后坐。

（3）安全气囊为一次性产品每个气囊只能使用一次，引爆后须回厂换一个新的气囊，不可重复使用。

（4）修理气囊时要注意观察位于仪表板上的安全气囊报警灯。在正常情况下，点火开关转到 ACC 或 ON 位置时，报警灯会亮大约 6 s，进行自检，然后熄灭，若报警灯一直亮，则表明安全气囊系统有故障，应立即进行修复则会产生不良后果。

（5）当安全气囊充气时，随着氮气产生，会有相当大的声响和烟雾，这些是无害的，但务必要尽快将残留物清洗掉，以防止皮肤过敏。

任务二　主动安全系统检查

知识目标

- ◆ 1. 了解主动安全系统的基本概念；
- ◆ 2. 了解主动安全系统的组成及作用；
- ◆ 3. 了解汽车主动安全的基本操作按键；
- ◆ 4. 掌握主动安全系统的检查方法。

技能目标

- ◆ 1. 能进行巡航控制系统检查；
- ◆ 2. 能进行汽车影像广角的测试调整；
- ◆ 3. 掌握汽车探测雷达的测距方法。

一、主动安全系统

所谓主动安全，是和被动安全的概念相对应的。被动安全侧重于在遇到事故时尽可能地减少车内乘客受到的伤害，例如安全气囊、笼式车身就是典型的被动安全范畴；而主动安全侧重于监测到事故发生或者车辆失控的可能性，从而通过一系列介入车辆操控的手段去避免发生。

主动安全配置包括如下设置：

制动防抱死系统（ABS）、电子制动力分配装置（EBD）、车身电子稳定控制系统（ESP）、牵引力制动系统（TCS），以及如今主流配置中的主动巡航、偏航预警、自动刹车等。

1. ABS（防抱死系统）

装配有 ABS 防抱死系统，车辆在达到一定速度、刹车踩死之后，系统启动，刹车片会在有限时间范围之内频率制动，此时可最大程度使用 ABS。作为众多主动安全系统里基本配置之一，如今市面上大部分的车型均已普及（见图 4-19）。

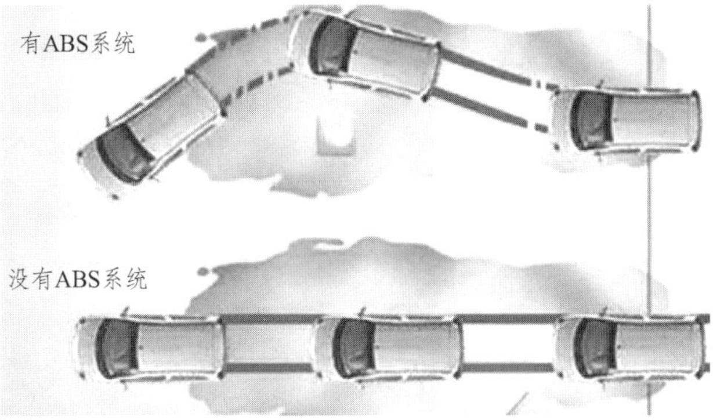

图 4-19　ABS 系统效果对比

2. EBD（电子制动力分配装置）

EBD 是 ABS 的辅助功能，开车上路遇到的路况并不是十分平坦，一些路况会导致 4 个车轮抓地力不同，但是每一个车轮的制动力仍一样，在这种情况下刹车易导致甩尾，但装备了 EBD，即可计算出每一个车轮的抓地力，并迅速调整车辆制动（见图 4-20）。

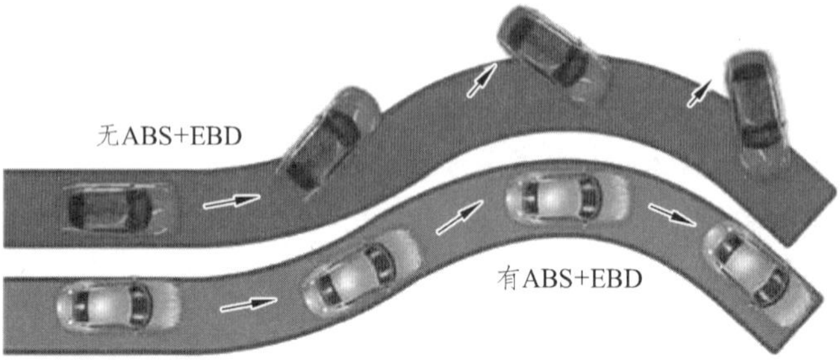

图 4-20　ABS+EBD 效果对比

3. ESP（车身电子稳定控制系统）

ESP 的全称为 Electronic Stability Program，即车身电子稳定控制系统。作为汽车防抱死制动系统（ABS）和牵引力控制系统（TCS）功能的进一步扩展，也是属于汽车主动安全系统的一部分。车身电子稳定控制系统有很多不同的称呼，本田称 VSA，丰田称 VDIM，通用（国产车型）称 ESC 等，虽然叫法不同，但原理都是差不多一致的。

ESP 的工作原理是以 ABS 制动防抱死、ASR 牵引力控制系统为基础所衍生出来的更高级功能，通过分布在车上的传感器来判断汽车的行驶状况，并对动力进行干预，它可以同时对单个或多个车轮进行分别制动，从而保持汽车行驶状况的稳定性和方向的可控性。

例如，驾驶者想快速向左打方向，结果转向不足，这时候 ESP 就会制动左后轮，让车辆按照预期变换方向。如果转向过度，ESP 就会制动右前轮，使车纠正姿势，所以如果车上有此按钮，千万不要关掉（见图 4-21）。

图 4-21　ESP 效果对比

4. TCS（牵引力制动系统）

TCS 即牵引力控制系统，又称循迹控制系统，当汽车行驶在易滑的路面上时，没有 TCS 的汽车，在加速时驱动轮易打滑，如果是后轮，将会造成甩尾。

牵引力控制系统（TCS）的作用是使汽车在各种行驶状况下都能获得最佳的牵引力。汽车在行驶时，加速需要驱动力，转弯需要侧向力。

牵引力控制系统（TCS），即循迹控制系统，其工作原理是根据驱动轮的转数及传动轮的转数来判定驱动轮是否发生打滑现象，当前者大于后者时，进而抑制驱动轮转速。汽车在光滑路面制动时，车轮会打滑，甚至会使方向失控。同样，汽车在起步或急加速时，驱动轮也有可能打滑，在冰雪等光滑路面上还会使方向失控而发生危险情况（见图 4-22）。

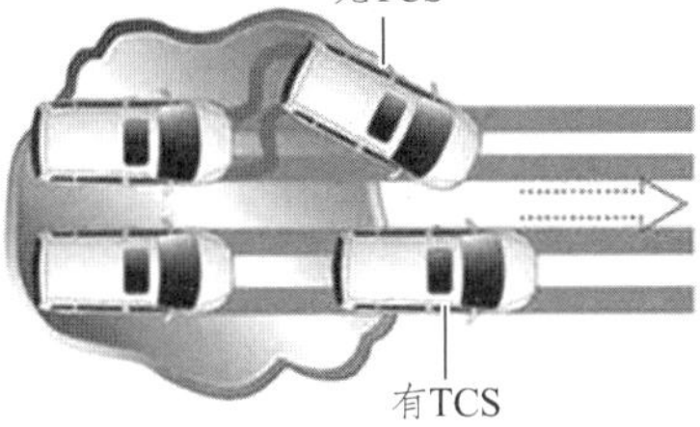

图 4-22　TCS 效果对比

5. 主动巡航

主动巡航可应用于路况较好的高速或高架道路上，在一定程度上可以解放右脚，减少驾驶员的操作，让小伙伴有更多的休息时间，而一些主动巡航还可以在速度比较慢的城市道路跟车使用，因为它可以根据前车的位置以及驾驶情况进行加速或减速，以此防止追尾。

汽车定速巡航工作原理有电子式和传统机械式两种。以最新的电子油门巡航为例，其工作过程更加智能和精确，控制电子油门传感器输出的信号和巡航控制系统对油门开度的调节，从而控制车速。根据驾驶员的路况选择车速，微动开关启动巡航控制系统，代替油门踏板控制。根据坡道和路况对车速的影响，自动调节供油，车辆自动匀速行驶。根据驾驶操作规则，当踩下离合器踏板进行换挡或踩下制动踏板时，自动解除定速巡航功能，恢复对油门的踏板控制，无须任何额外操作（见图 4-23）。

图 4-23　主动巡航

6. 偏航预警系统

偏航预警系统，顾名思义，就是当车辆偏离了正常轨道后，系统会发出预警，提醒小伙伴将车辆保持在原车道安全行驶（见图 4-24）。

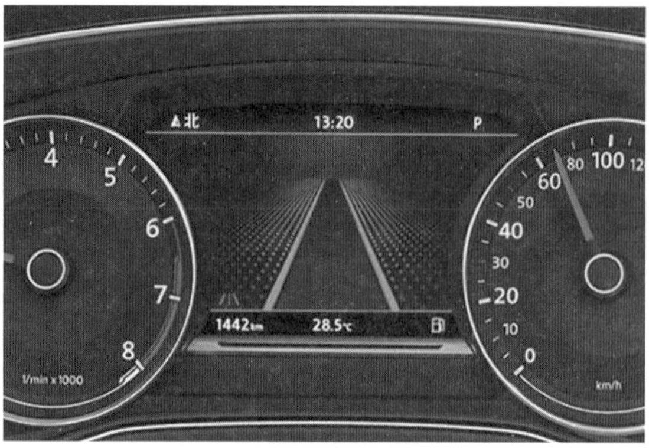

图 4-24　偏航预警系统

7. 自动刹车系统

自动刹车系统简称 AEB，但各个厂家叫法不尽相同，比如大众的预碰撞安全系统。换言之，自动刹车相当于学车时坐在副驾驶上能控制制动踏板的教练，在驾驶员手忙脚乱时辅助刹车，以避免事故发生。

8. 倒车雷达

倒车雷达主要由超声波传感器、控制器和显示器或蜂鸣器等组成。

（1）超声波传感器：主要功能是发出和接收超声波信号，然后将信号输入主机内，通过显示设备显示出来。

（2）控制器：对信号进行处理，计算出车体与障碍物之间的距离及方位。

（3）显示器或蜂鸣器：当传感器探知汽车距离障碍物的距离达到危险距离时，系统会通过显示器和蜂鸣器发出警报，以提醒驾驶员。

倒车雷达在倒车时，利用超声波原理，由装置在车尾保险杠上的探头发送超声波撞击障碍物后反射此声波，计算出车体与障碍物间的实际距离，然后提示给司机，使停车或倒车更容易且更安全（见图 4-25）。

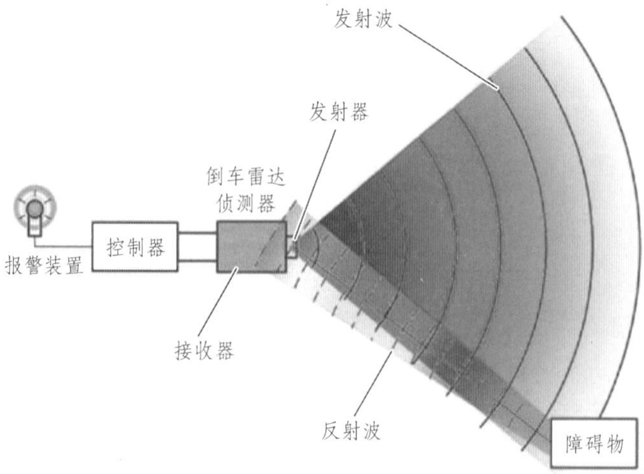

图 4-25　倒车雷达工作原理

二、主动安全系统的检查

1. ABS 系统的基本检查

初步检查是在 ABS 系统出现明显故障而不能正常工作时首先采取的检查方法，例如，ABS 故障指示灯亮着不熄，系统不能工作等，检查方法如下所述：

（1）检查驻车制动是否完全释放。

（2）检查制动液液面是否在规定的范围之内。

（3）检查 ABS 计算机导线接头、插座的连接是否良好，插接器及导线是否损坏。

（4）检查下列导线插接器（插头与插座）和导线的连接或接触情况是否良好：

① 液压调节器上的电磁阀体插接器。

② 液压调节器上的主控制阀插接器。

③ 连接压力警告开关和压力控制开关的插接器。

④ 制动液液面指示开关插接器。

⑤ 四轮车速传感器的插接器。

⑥ 电动泵插接器。

（5）检查所有继电器、熔断丝情况是否完好，插接是否牢固。

（6）检查蓄电池容量（测量电解液密度）和电压是否在规定的范围内；检查蓄电池正极导线是否连接可靠，连接处是否清洁。

（7）检查 ABS 计算机、液压控制装置等搭铁端的接触情况是否良好。

（8）检查轮胎花纹槽的深度是否符合规定。

2. 车身电子稳定系统（ESP）的检查

汽车电子车身稳定系统的维修与故障诊断一般包括初步检查、故障自诊断、快速检查、故障指示灯诊断四个基本步骤。下面以奥迪 A4 为例介绍其检查步骤。

（1）方向盘角度传感器 G85 的初始化标定。

如果方向盘角度传感器 G85 断电或更换、ESP 电子控制单元 J104 更换或车辆的电压值不正常，传感器的标定值将会丢失，即电子控制单元无法正常识别传感器的数据起始点和变化规律，所以需重新进行初始化标定。初始化标定的方法有路试和使用 VAS5051 两种。

路试时，通过短距离行驶，传感器 G85 会根据轮速传感器信息重新进行初始化。利用诊断仪器 VAS5051 进行初始化标定的方法和步骤如下：

① 连接 VAG1551 或 VAS5051 进入 03 地址。

② 选择登录“11”，按“Q”键确认，输入登录密码“40168”，再按“Q”键（做多项调整时，只需登录 1 次）。

③ 启动车辆，在平坦路面试车，以不超过 20 km/h 车速行驶。

④ 如果方向盘是正中位置（若不在正中位置，需调整），停车即可，无须再调整方向盘，也不要关闭点火开关。

⑤ 选择读取数据流 08 功能，输入“004”通道，观察第一显示区数值是否为 $-4.5\sim5$。

⑥ 选择基本设定功能 04，按“Q”键确认，再输入组别号“001”，ABS 警告灯闪亮。

⑦ 选择退出功能 06，按“Q”键确认，ABS 和 ESP 警报灯亮约 2 s，此时即结束初始化标定。

（2）ESP 路试和系统测试。

ESP 路试的作用是检查 ESP 系统各个传感器的可靠性（侧向加速度传感器 G200、横摆率传感器 G202 和制动压力传感器 G201、方向盘角度传感器 G85）。在每次拆下或更换 ESP 系统的电气元件后，必须进行路试。注意：有关 ESP 系统的路试一旦开始，就不能中止，必须全部进行完毕。测试过程如下：

① 连接诊断仪器 VAS5051，打开点火开关，进入 ABS（03），选择基本设定（04），输入显示组号 03 激活测试，这时，ABS、ASR/ESP 灯点亮，在故障存储器中会存储“01468”故障码。

② 断开诊断仪器 VAS5051，启动发动机，用力踏下制动踏板（压力大约为 3 500 kPa）直到 ASR/ESP 警报灯 K86 熄灭，此时标定完成。

③ 车速在 15 ~ 20 km/h、转弯半径在 10 ~ 12 m 曲线的路试。此时，ABS、EPS、ASR、ESP 均不工作。进行时间大约 5 s，横摆率至少 10 s，当路试完成后，ABS 和 ESP 灯熄灭，表明系统正常，如果两者没有熄灭，应读取故障存储并排除故障，再进行路试；如果路试中止，则 ABS 和 ESP 警报灯依然点亮。

（3）侧向加速度传感器 G200 零点平衡。

① 将车停在水平面上，连接 VAG1551 或 VAS5051 进入 03 地址。

② 选择登录“11”，按“Q”键确认，输入登录密码“40168”，再按“Q”键确认。

③ 选择基本设定功能 04，按“Q”键确认，输入组别号“063”，再按“Q”键确认，ABS 警告灯闪亮。

④ 选择退出功能 06，按“Q”键确认，ABS 和 ESP 警报灯亮约 2 s。

⑤ 结束。若显示该功能不能执行，说明登录有误。若显示基本设定关闭，说明超出零点平衡允许公差。读取 08 数据流（004 通道第二显示区静止时为 – 1.5 ~ 1.5；方向盘至止点，以 20 km/h 的车速左/右转弯时，测量值应均匀上升）及故障记忆，然后重新进行。

（4）电子控制单元编码。

更换 ESP 电子控制单元 J104 或方向盘角度传感器 G85 后，必须对 ESP 系统重新进行编码。编码的步骤如下：

① 连接诊断仪器 VAS5051，打开点火开关，进入 ABS 系统（03），选择登录（11），输入登录密码。

② 选择电子控制单元编码功能（07），输入电子控制单元编码。

③ 对方向盘角度传感器进行初始化标定，对 ESP 进行路试和系统测试。

3. 牵引力制动系统（TCS）的检查

（1）二次线及端子应整齐、清洁，线头接线牢固，设备标志应齐全、完整正确且清晰。

（2）系统电源回路对地绝缘电阻及线间绝缘用 500 V 摇表测试，220 V 回路电阻应大于 1 MΩ，对 110 V 直流回路绝缘电阻应大于 0.5 MΩ。

（3）电源回路各保险容量应符合各回路要求。

（4）控制回路对地绝缘电阻及线间绝缘电阻用 500 V 摇表测试，绝缘电阻应大于 20 MΩ。

（5）检查外部螺丝应齐全。

（6）继电器外壳与底座间的连接应牢固紧密，安装应端正。

（7）接线应牢固可靠。

（8）检查各焊头良好，螺丝应拧紧，线头应压接良好且正确。

（9）各零部件应完好无损。

（10）动静接点应清洁，无烧伤及凹痕现象。

（11）接点接触良好，压缩行程不小于 0.5 ~ 1 mm。

（12）线圈直流电阻的测量：线圈直流电阻的实际测量值与铭牌上线圈电阻值的误差不应大于 ± 5 Ω。

（13）绝缘电阻的检查：线圈对外壳、接点与接点之间分别用 500 V 摇表测试，绝缘电阻应不小于 1 MΩ。

（14）动作电压应为额定电压的 55% ~ 70%。

（15）返回电压应不小于额定电压的 5%。

（16）接点工作的可靠性试验：应配合相互动作进行，接点断弧能力应良好。

4. 巡航控制系统的检查

（1）确保巡航控制组件连接机构情况良好，且可以自由移动。检查线路的绝缘胶皮内是否有断裂或部分断裂的现象，否则应更换或修接。

（2）检查巡航系统有无故障码。

（3）检查巡航控制拉线的调整是否正确，制动开关安装是否正确，并应确保中央高位制动灯工作正常。

（4）检查熔断器是否烧断，必要时予以更换。目视直观检查巡航控制系统所有元器件，确保各元件安装正确。

5. 巡航控制系统的检测方法（见表 4-1）

表 4-1　巡航控制系统的检测方法

检测步骤	检测方法	正常状况
1	轿车以 45 km/h 的速度行驶，接通主开关，按下“设定/滑行”开关	车速应不变，巡航控制指示灯点亮
2	松开加速踏板，按住“设定/滑行”开关不动	车辆滑行至较低车速
3	松开“设定/滑行”开关	如果新的车速高于 45 km/h，巡航控制系统工作，维持较低车速
4	按下“恢复/加速”开关不动	车辆加速行驶
5	将巡航控制开关转至“ON”位置	车辆维持新的较高车速
6	踩下制动踏板	车辆滑行至较低车速时，巡航控制系统停止工作
7	将巡航控制开关瞬间转至“恢复/加速”位置	车辆加速至以前设定的车速
8	车辆巡航行驶时，踩下加速踏板再松开	车辆滑行到设定的车速
9	车辆巡航行驶时，使巡航控制开关瞬间转至“恢复/加速”开关接通位置	每按动一次开关，车速提高 1.6 km/h，直到第 10 次时，系统必须重新设定新的车速
10	车辆巡航行驶时，按下“设定/滑行”开关	每按动一次开关，车速提高 1.6 km/h，直到车速达到 40 km/h，此时巡航控制系统不工作
11	将巡航控制开关转至“OFF”位置	巡航控制系统不工作

三、汽车影像广角测试调整

汽车后视及全景摄像头具有类似于鱼眼镜头的畸变，部分摄像头的可视角度非常大，属于超广角的范围。基于此技术的环视全景摄像系统，包括了前视、侧视和后视多个摄像头。这就需要应用畸变校正算法和多图像的拼合，才能自然显示出车辆周边的图像情况。采用预畸变的 SFRplus 测试图卡，较适用于广角镜头的畸变和清晰度测试。对于超广角摄像头还可使用 SFRreg 测试卡和超广角清晰度分析设备进行分析测试。

1. 影像广角的测试

辉度计又称亮度计，是一种可测试环境亮度的仪器，影像质量实验室辉度计采用三色值过滤的测定方法，除了可测定亮度、色度、色温外，还能即时显示 CIELAB、CIELUV、色差及测定值与基准值的差。辉度箱可切换环境的亮度等级，为测试提供可控、直观的测试环境。辉度箱通常要配合辉度计同时使用，可用于摄像机、手机摄像头、安防摄像机、行车记录仪、AR/VR 等 AE 曝光的测定，包括曝光度和曝光范围测试。

（1）视场角，对焦稳定性；

（2）质感和视频稳定性，动态范围，颜色还原；

（3）帧频，快门延时，对焦时间。

2. 影像广角的调整

（1）踩下汽车的刹车踏板。

（2）打开点火开关。

（3）仪表亮起，车辆启动。

（4）将变速杆置于 R 位置，进入倒车模式。

（5）此时汽车的多媒体显示屏将会显示倒车影像。

（6）观察车内屏幕上的后视图，查看视图是否全面，高度是否合适。

（7）如果不合适，下车找到倒车影像摄像头，向上、向下、向左和向右转动相机以调整到适当的位置。

四、汽车探测雷达测距

汽车探测雷达测距是利用超声波原理，由装置在车身上的探头发送超声波撞击障碍物后反射此声波，从而计算出车体与障碍物间的实际距离。

雷达测距，是在高速行车时，自动保持车与车的间距。通常是预先设置好车与车的间距，车在高速上行驶时，驾车人可以自行调节车的巡航速度，如 100 km/h、120 km/h 等，设置完成后，车会自动向前行驶，方向仍需驾驶者控制，只是可以不踩油门。当前方有车时，行车电脑会自行检测，并自动保持好车间距，并向前行驶，车间距过近时，计算机会自行降低速度，保持车距。还有一种是倒车雷达，在倒车时起到一定的辅助作用，当车的前方和后方，30 cm 到 10 cm 处有物体或墙时，会有提示音。距离可自行调节。目前最常用的雷达测距方法主要有超声波雷达测距、毫米波雷达测距、激光雷达测距等。

任务三　倒车影像系统检查

知识目标

- ◆ 1. 了解倒车影像系统的作用与工作原理；
- ◆ 2. 了解倒车影像系统的限制与标定；
- ◆ 3. 掌握倒车影像系统的检查方法。

技能目标

- ◆ 1. 正确进行倒车影像系统检查；
- ◆ 2. 判断倒车影像系统故障原因；
- ◆ 3. 掌握倒车影像显示屏及雷达的拆装步骤；
- ◆ 4. 掌握倒车摄像头的拆装步骤。

一、倒车影像系统

倒车影像系统，将车载后视摄像头的实时图像进行显示，直观地提示驾驶员车后环境情况，为泊车、倒车提供便利。

倒车影像系统采用远红外线广角摄像装置，安装在汽车后部，通过车内显示屏，将汽车后部道路的信息清晰地显示出来。由于采用远红外线技术，即使在晚上也能看得一清二楚。系统在汽车挂倒挡时，会自动接通位于汽车后部的远红外线广角摄像装置，将车后状况清晰地显示于倒车液晶显示屏上，倒车影像监视系统比全方位倒车雷达更加直观、可靠。下面以奥迪 A8 汽车的倒车影像系统为例加以说明。

倒车影像系统分为摄像装置、控制单元和显示器 3 大部分。汽车装备的倒车影像系统由安装在后方的广角摄像机（R189，质量约 40 g）、负责信号处理与传输的控制单元（J772）和 MMI（多媒体界面）显示器、前部信息显示和操作控制单元（J523）、电视调谐器（R78）以及 CAN 数据总线等部件组成（见图 4-26）。

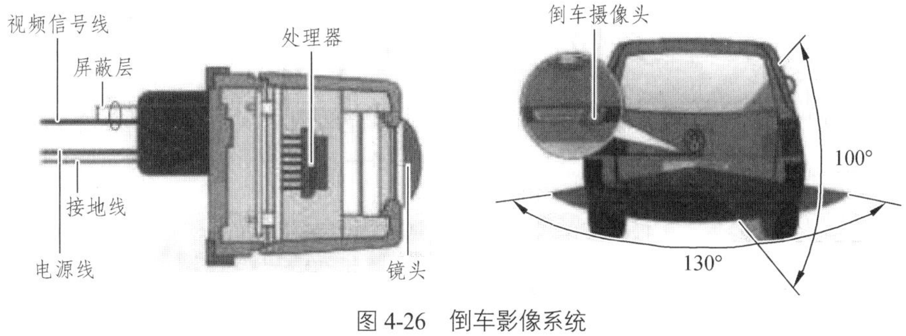

图 4-26　倒车影像系统

广角摄像机安装在后备箱扣手处，斜向下放置，水平方向探测角度为 130°，垂直方向的探测角度为 95°，用于探测图像的芯片水平分辨率为 510 像素，垂直分辨率为 492 像素，总分辨率为 25 万像素。

控制单元位于车辆后部右侧，靠近轮罩的地方，主要承担以下任务：向倒车摄像机提供供电电压；校正摄像机的广角图像；在摄像机图像中插入静态和动态辅助线；为摄像机信号提供视频输入端；为电视调谐器提供视频输入端；利用集成的视频开关切换到所需要的视频信号上；为收到的视频信号提供视频输出端；控制单元的自诊断；诊断收到的摄像机信号；利用 VAS 测试仪和校准面板进行系统校准；对失真的图像进行校正。

显示器通过一根单独信号线接收来自倒车影像控制单元传输来的视频信号，给驾驶员提供需要的信息。

其他控制单元通信。除了以上四个主要的系统部件，辅助部件还包括：转向角度传感器 G85，用于计算摄像机图像中的辅助线；驻车辅助控制单元 J446，提供目前是否通过按钮或挂入倒挡激活驻车辅助信息，以及驻车控制单元是否损坏的信息等装置。

二、倒车影像系统检查

1. 倒车影像模糊不清

（1）现在市面上出售的倒车摄像头一般基本具有防水性，假如购买到质量差的摄像头，那么就容易渗水进到内部，影响到作用而致模糊。解决方法：假如防水性能不够好，可将摄像头拆下来，涂抹点胶水密封，或直接更换质量好的摄像头。

（2）摄像头像素高低影响到倒车影像的屏幕的模糊度，摄像头本身的清晰度会作用到显示屏的显示分辨率。解决方法：置换一个清晰度更高的倒车摄像头，最好是选带有夜视效果的摄像头，这样可在同样的光线情况下有更好的成像效果。

（3）假如倒车影像屏幕呈现雪花状显示，那么有可能是线路接触不良而导致显示屏画面模糊，但这种状况相当少见。解决方法：检查查看倒车影像系统各接线口的松脱状况，还可检查摄像头是否有尘土或泥土遮挡住。

2. 倒车影像不显示

（1）首要任务是查看显示屏是否损坏，假如显示屏显示正常，那么并不是显示屏的问题。而假如不显示，并不意味着显示屏损坏，可再查看线路，是否有显著的破损或接触不良情况。

（2）查看摄像头有无显著的破裂或损坏情况，假如有裂缝，很可能是裂缝进水而影响到摄像头损坏。

（3）检测线路，再逐个接头检查查看，假如接头接触不良会有间隙，找到接触不好的电线接头可直接把线接头去掉，把线的两头直接连在一块，也可单独购买线路换上。

三、倒车影像及雷达的拆装检测

1. 雷达测距的工作原理

利用超声波原理，由装置在车身上的探头发送超声波撞击障碍物后反射此声波，计算出车体与障碍物间的实际距离。

汽车雷达的功能：汽车雷达基于不同的技术（比如激光、超声波、微波），有着不同的功能，比如发现障碍物、预测碰撞、自适应巡航控制等。

汽车雷达的应用：汽车雷达可应用于测速（测量车轮的转速来测量出汽车速度），障碍物探测（可在无能见度或能见度很差的情况下观察地形，向司机报警从而防止事故），自适应巡航控制（能够适应车辆周围的环境，并根据本车与前车的速度与前车保持一个安全速度）。

2. 倒车影像显示屏及雷达的拆装步骤

1）倒车影像显示屏的拆装步骤

（1）首先拆除车载蓄电池处的电源供电连线，并将拆除的连线放在远离电极的地方，以防止电源意外接通。

（2）用摄像头配件内提供的小螺丝将原有的摄像头拆下来，再安装上新的摄像头。

（3）将摄像头的电源线与车后倒车灯电源线连接，再将摄像头的视频线与视频延长线相连，视频延长线的另一端与车载 DVD 显示器的 AV 输入相连接，最后恢复蓄电池供电，启动汽车，挂上倒车挡，即可在车载显示器上检查显示屏功能是否正常。

2）雷达的拆装步骤

（1）将后保险杠拆除掉（螺丝安装在底盘尾部）。

（2）找到倒车雷达探头，并从保险杠内侧向外用力推，即可推出倒车雷达（切记不要硬拽）。

（3）最后处理倒车雷达的线头和电线。先用抹布清理一下灰尘和泥土，随之直接剪下线头即可。

四、倒车摄像头的拆装

（1）首先，在准备好倒车影像后，要先接线测试一下，若后视镜中没有显示影像的话，建议直接选择退货更换。一般情况下，大部分倒车影像接线都比较简单，按照接口形式直接对插即可。如图 4-27 所示，最长的一根线用来连接显示屏，通常上面会带有一个 USB 接口，用它直接插在智能后视镜上即可。

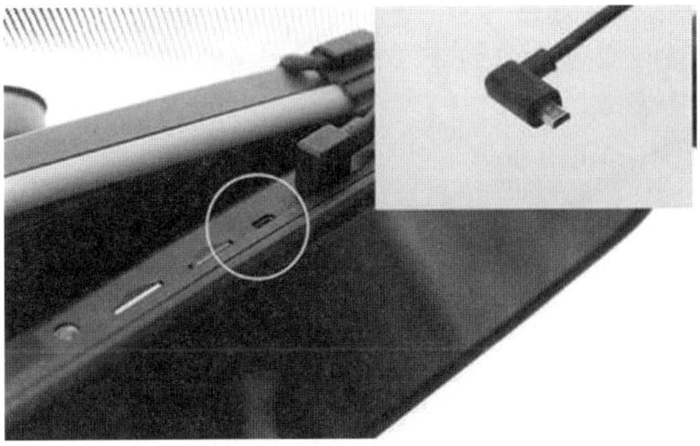

图 4-27 倒车影像连接线

（2）另外，线束中还包含倒车控制线正极以及倒车灯光的线束的正极和负极。而倒车控制线一般为红色，这根接线需要与倒车灯正极相连接，从而获取倒车挡位信号，在挂入倒挡后，智能后视镜中就会自动切换出倒车影像的画面（见图 4-28）。

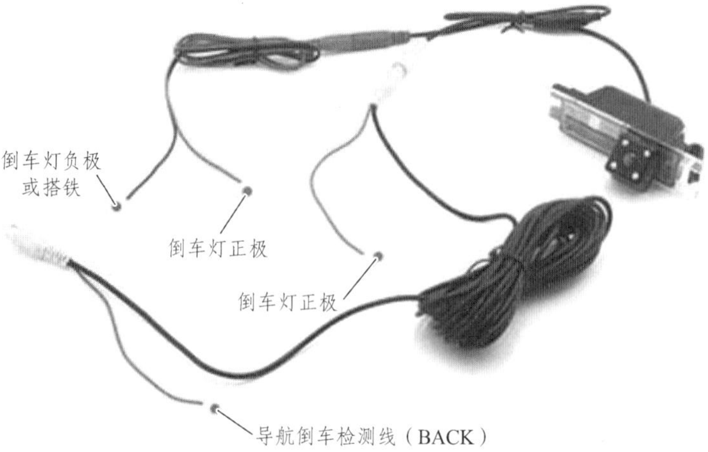

图 4-28　接线安装图

（3）还有一部分摄像头上会安有倒车灯。关于倒车灯上的接线，负极可以选择直接搭铁，而正极也可以接到倒车灯上，这样只有在挂入倒挡时，摄像头灯才会亮，正常情况下也不会亮。若没有倒车摄像头灯，这一步骤可直接略过。接线完成后，即可选择固定倒车摄像头，一般最常见的方法就是替换固定在原来牌照灯的位置，这样既能做到无损安装，同时也能获得不多的视野效果（见图 4-29）。

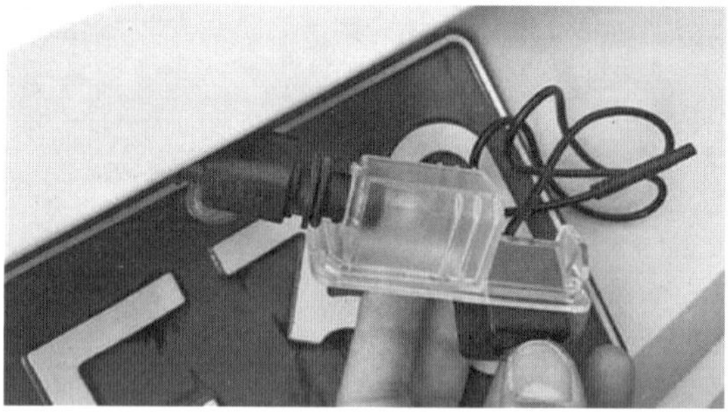

图 4-29　固定倒车摄像头

（4）将后置摄像头固定后，即可选择接线和走线，这也是安装倒车影像中最烦琐的一步。若要安装这些线束，必须要将汽车的后保险杠外壳/后尾门内板拿掉，这样才能将线束掩埋在其中。另外，固定门板和保险杠的卡子较多，拆装起来也比较麻烦，稍有不慎，可能将卡子弄断，这一点需要注意（见图 4-30）。

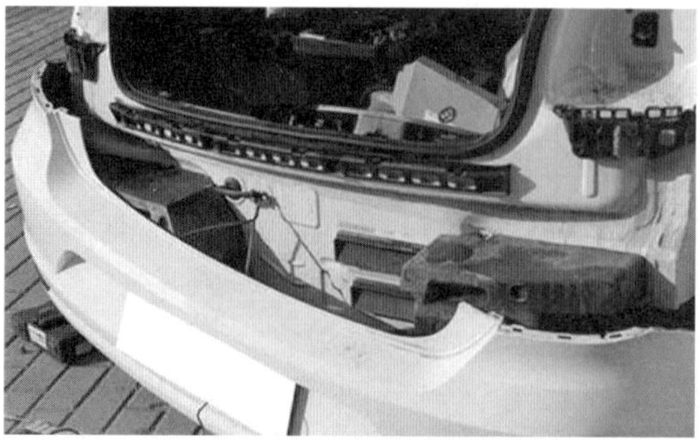

图 4-30　安装线束

（5）门板拿下之后，还需要将内饰的门板扣掉，因为走线需要将线束埋藏在饰板下面。至于走线，可选择从车辆一边的顶棚上穿过，建议最好选择与一侧尾灯接线为一边，这样在走线方面相对容易些。此外，在撬开门板时注意手势和力度，不要将门板翘坏，同时要小心不要将里面的线束撬断。综上，在操作时需要小心谨慎，用力适当，否则后期在装配过程中可能因装配不到位产生内饰异响。

（6）待所有门板拆开后即可掩埋线束，不过有很多地方空间比较狭窄，需要将线束穿过。此时可以找来一节较细的小铁丝或电线，将其绑在线束的一段，利用铁丝的韧性可更容易穿过狭窄的缝隙。将电线布置好后，建议最好用胶带或者绑带将线束和原车线缆绑定，以增加强度。在所有线束接好完成后，先不回装门板，此时应先将车辆启动，挂入倒挡，观察倒车影像功能使用是否正常，摄像头角度高度是否合适，能否通过倒车影像来判断后方的路面。最后，若倒车影像不存在问题，再进行各门板的回装。

任务四　安全防盗系统及车载安全系统检查

知识目标

◆ 1. 了解安全防盗系统的作用；
◆ 2. 了解安全防盗系统的组成及工作原理；
◆ 3. 掌握安全防盗系统的检查方法；
◆ 4. 了解汽车防盗系统的检查。

技能目标

◆ 1. 能进行中控门锁与防盗系统功能检查；
◆ 2. 能进行门锁中控功能检查；
◆ 3. 能进行防盗功能检查；
◆ 4. 能进行无钥匙进入与启动功能检查；
◆ 5. 能进行中控门锁总成的更换；
◆ 6. 能进行智能钥匙电池的更换；
◆ 7. 掌握车载行车记录仪的检查；
◆ 8. 掌握防盗蜂鸣器的功能检查。

1. 汽车防盗系统的功用

汽车防盗系统，是指防止汽车本身或车上的物品被盗所设的系统。它由电子控制的遥控器或钥匙、电子控制电路、报警装置和执行机构等组成。最早的汽车门锁是机械式门锁，只用于汽车行驶时防止车门自动打开而发生意外，只起行车安全保护作用，不起防盗作用。随着社会的进步、科学技术的发展和汽车保有量的不断增加，后来制造的轿车、货车车门都安装了带钥匙的门锁。这种门锁只控制一个车门，其他车门是靠车内门上的门锁按钮进行开启或锁止，主要包括车身电子防盗系统、发动机锁定系统、智能进入与启动系统三种（见图 4-31）。

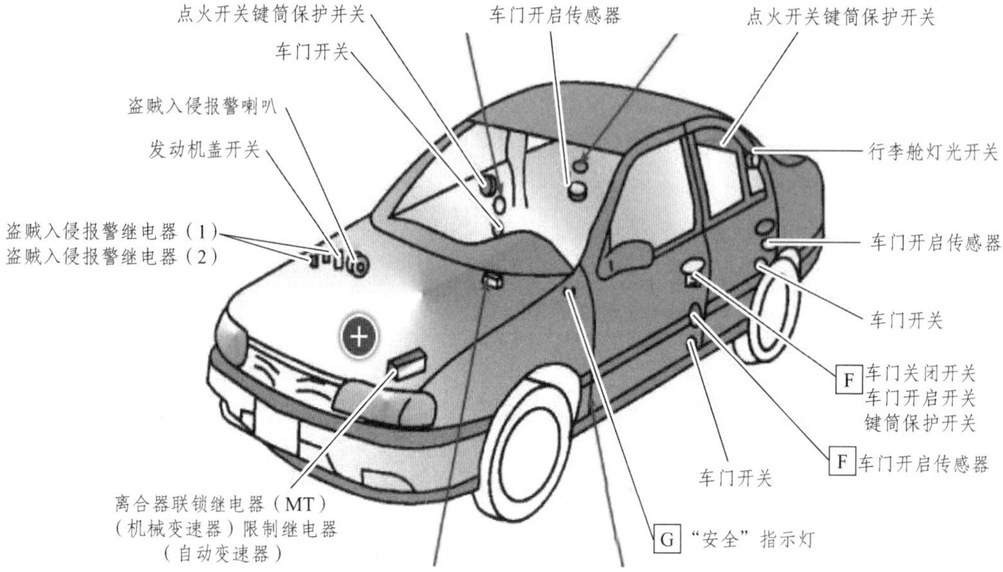

图 4-31　汽车防盗系统

2. 汽车防盗系统的类型

（1）钥匙控制式。通过用钥匙打开或锁止门锁，同时将防盗系统设置或解除。

（2）遥控式。防盗系统能够远距离控制门锁打开或锁止解除。

（3）报警式。防盗系统遇有汽车被盗窃时，只是报警但无防止汽车移动功能。

（4）具有防盗报警和防止车辆移动式的防盗系统。当遇有窃车时，除音响信号报警外，还能切断汽车的启动电路、点火电路或油路等，起到防止汽车移动的作用。

（5）电子跟踪防盗系统。该系统分为卫星定位跟踪系统和利用对讲机通过中央控制中心定位监控系统。

3. 汽车防盗系统的组成及工作原理

1）汽车防盗系统组成

电子防盗器由脉冲转发器、识读线圈、防盗器控制单元和发动机控制单元等组成。

2）汽车防盗系统的工作原理

脉冲转发器是一种无电池驱动的发送和接收元件，当汽车钥匙点火开关闭合时，识读线圈产生的电磁场把能量发送给脉冲转发器。这时脉冲转发器开始工作，并通过识读线圈把已编程的代码发送至防盗器控制单元。每把钥匙都有各自的代码，识读线圈被设计成既能把能量发送给脉冲转发器，又能把存储在脉冲转发器中的代码发送至防盗器控制单元。

当用汽车钥匙把点火开关闭合时，防盗器开始工作，防盗器控制单元感应地把能量经识读线圈发送至脉冲转发器。此时，处于工作状态的脉冲转发器通过识读线圈把代码发送至防盗器控制单元。防盗器控制单元把接收到的代码与先前储存在其内部的已编程代码进行比较与核对。之后，防盗器控制单元核对发动机控制单元的可编程代码是否正确。该可编程代码是由发动机控制单元存储在防盗器控制单元中（可编程随机代码发生器在每次启动发动机时都会产生一对新的代码，分别存储在防盗器控制单元和发动机控制单元中）。如果上述这些代码不能两两一致，发动机将在启动 2 s 后被关停。

4. 汽车安全系统的组成

汽车安全系统由车内检测系统、全自动降温排气系统和汽车车窗检测关闭系统组成，如图 4-32 所示。

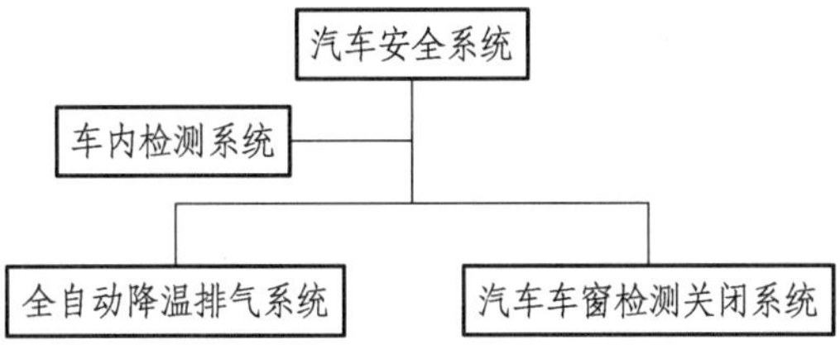

图 4-32　汽车安全系统组成

1）车内检测系统

车内的热释电传感器和光电传感器对车内进行检测，判断熄火后车内是否有人，对车内有人或无人分别采取不同操作，温度传感器结合继电器，进行小电压操纵大电压的操作，对车内的温度进行实时监控。

2）全自动降温系统

全自动降温系统可以在没有发动机提供大功率用电的情况下运行，当发动机熄火后，可选择手动或自动方式开启，主要由舵机控制、排气系统及 GSM 通信系统组成，如图 4-33 所示。用舵机控制窗户的升降，舵机属于伺服电机，可以精密地调节电机转动的角度，通过预先设定好的数值，控制窗户下降到一定位置。排气系统由天窗和小风扇构成，对单片机发送来的信号进行判断，打开天窗，风扇逆向运作，将车顶部空气排到外界（在大气中，热空气的密度比冷空气小，热空气会往上飘，所以可以较有效地排出热空气）。利用 GSM 模块，当温度达到预定值，系统运作并发送信息给车主，让车主知道，当温度降至预定值以下，再次发送给车主，让车主可以知道系统的运作情况（见图 4-33）。

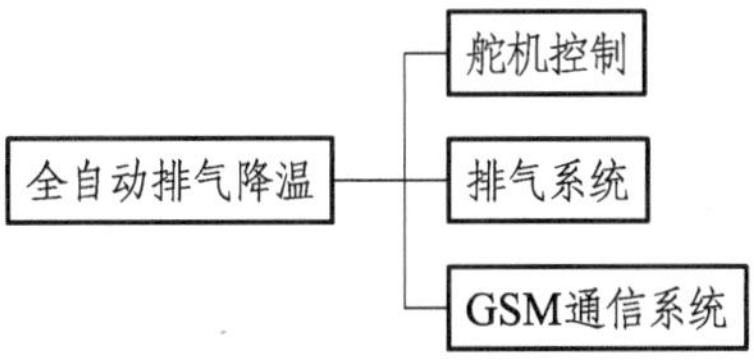

图 4-33　全自动降温系统组成

3）汽车车窗检测关闭系统

当单片机发出车内无人的信号时，检测车窗，若车窗未关闭则自动操纵舵机系统，将车子四周的窗户和天窗关闭，然后利用 GSM 通信模块将车窗已关闭的消息发送给车主。同时，当全自动排气降温系统开启达到预设温度后，自动操纵舵机系统，将车子四周的窗户和天窗关闭，然后利用 GSM 通信模块将车窗已关闭的消息发送给车主。

5. 汽车安全系统的工作原理图

汽车安全系统的整个工作原理如图 4-34 所示。电源接通后，光电模块、热释电模块以及温度传感器均处于打开状态，对所测得的信号进行处理并传递给单片机，然后分为有人和无人两种情况区分对待：

（1）当车内有人且车内温度过高，达到了预先设定好的温度值时，全自动排气降温系统开启，对车窗及排气系统进行控制，舵机把车窗下降 5 cm 左右，天窗自动打开，风扇运作将车内的热空气抽走，然后经 GSM 模块将信息发送给车主。当温度降至预设值时，车窗检测关闭系统运行，自动关闭车窗，并将相关信息发送给车主。

（2）当车内没有人时，检测车窗是否关闭，若车窗没有关闭，车窗检测关闭系统运行，单片机控制舵机将车窗上升，关闭车窗并向车主发送信息。

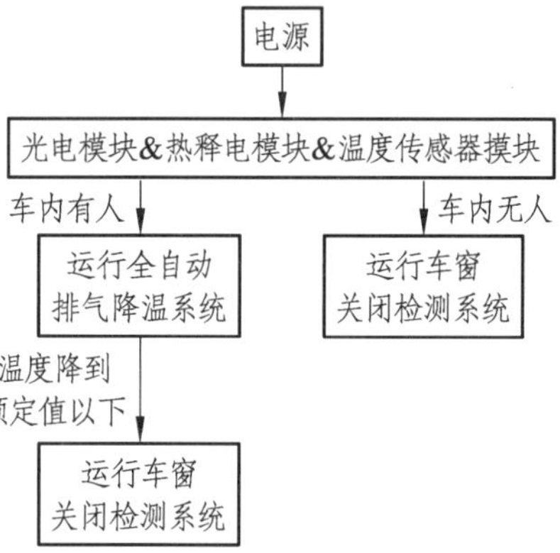

图 4-34　汽车安全系统工作原理

一、中控门锁与防盗系统功能检查

1. 车门未关提示功能检查

打开点火开关，关闭所有车门，仪表上的车门未关指示灯应熄灭，然后逐个打开和关闭车门，当某个车门打开时，车门未关指示灯点亮（见图 4-35）；当车门关闭时，车门未关指示灯应熄灭。否则，应检查该门控开关是否损坏。

图 4-35　车门未关指示灯

2. 门锁中控功能检查

1）汽车中控门锁的功用

无须把钥匙键插入锁孔中即可远距离开门和锁门，其由门锁开关、执行机构和控制器构成。中控锁全称是中央控制门锁，是一种汽车配件。中控锁执行机构用于执行驾驶员的指令，将门锁锁止或开启。门锁执行机构有电磁式、直流电动机式和永磁电动机式 3 种驱动方式。

大多数中控开关均由总开关和分开关组成，总开关装在驾驶员身旁车门上，驾驶员操作总开关可将全车所有车门锁住或打开；分开关装在其他各个车门上，可单独控制一个车门。

2）汽车中控门锁的组成

汽车中控门锁的基本结构包括控制部分和执行机构两部分。控制部分，有编码器、输入器、存储器、鉴别器、驱动器、抗干扰电路、显示器、报警器、保险装置和电源等（见图 4-36）。执行机构一般采用电磁铁或微型电动机控制，中控门锁作用于当锁上一个车门时，其他车门也同时锁上。工作原理就是通电产生电磁，利用电磁吸力来达到控制车门上锁开锁。

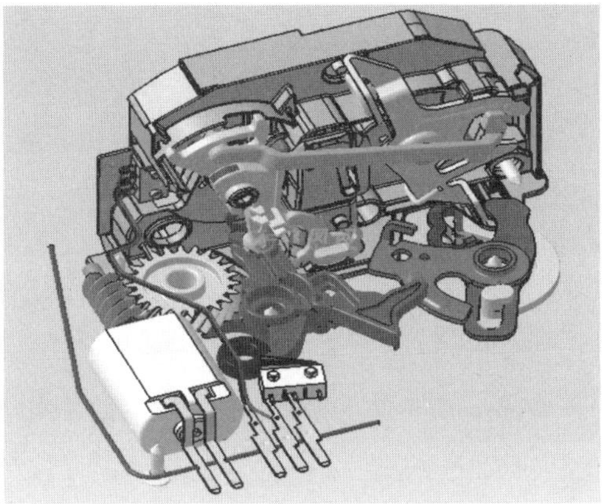

图 4-36　汽车中控锁的内部机构

3）汽车中控门锁的功能检查

降下驾驶员侧车窗玻璃，关闭点火开关，关好所有车门，按下门锁控制开关的锁止按钮，检查所有车门外把手均应无法打开车门；当按下门锁控制开关的解锁按键时，所有的车门均能正常开启。再用钥匙插入门锁孔，旋转钥匙锁止和解锁车门，各车门也都能同时锁止和解锁。若某个车门无法锁止和解锁，则可能是门锁损坏。

3. 防盗蜂鸣器功能检查

1）防盗蜂鸣器的功用

蜂鸣器是一种一体化结构的电子讯响器，采用直流电压供电，广泛应用于计算机、打印机、复印机、报警器、汽车电子设备等电子产品中作为发声器件。

2）防盗蜂鸣器的机构

目前汽车上常用的蜂鸣器主要有压电式蜂鸣器、电磁式蜂鸣器（见图 4-37 和图 4-38）。其中压电式蜂鸣器主要由多谐振荡器、压电蜂鸣片、阻抗匹配器及共鸣箱、外壳等组成。电磁式蜂鸣器主要由振荡器、电磁线圈、磁铁、振动膜片及外壳等组成。

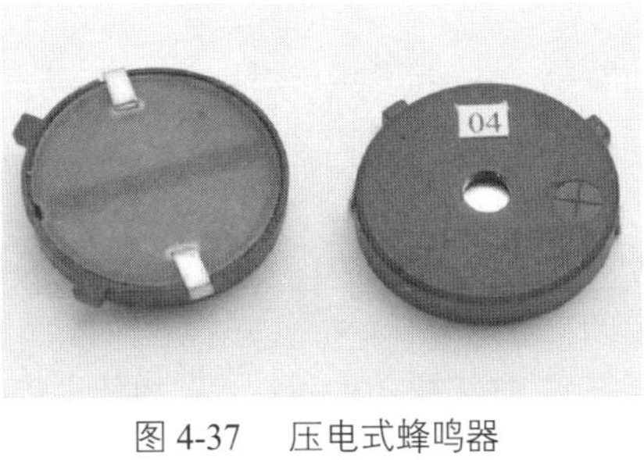

图 4-37　压电式蜂鸣器

图 4-38　电磁式蜂鸣器

3）防盗蜂鸣器功能检查

降下驾驶员侧车窗玻璃，关闭点火开关，关好所有车门，按下遥控器的锁止按钮，所有车门应全部锁止，仪表板上的防盗指示灯应常亮，稍等约 30 s，防盗指示灯应闪烁（进入防盗状态）。此时用车门内侧拉手打开车门，防盗蜂鸣器（防盗喇叭）应立即响起。再按下遥控器的解锁按钮，防盗蜂鸣器应立即停止，所有车门也解锁。

4. 无钥匙进入与启动功能检查

汽车无钥匙进入系统，简称 PKE（Passive Keyless Enter），该产品采用了世界最先进的 RFID 无线射频技术和最先进的车辆身份编码识别系统，率先应用小型化、小功率射频天线的开发方案，并成功融合了遥控系统和无钥匙系统，沿用了传统的整车电路保护，真正实现双重射频系统，双重防盗保护，为车主最大限度地提供便利和安全。“汽车无钥匙系统”不是传统的钥匙，而是一个智能钥匙或智能卡。若是高端车型，打开车门时用的正是这种钥匙。

1）汽车无钥匙进入系统的功用

当钥匙靠近车体时，车门自动开锁并解除防盗警戒状态，同时方向灯闪烁 2 次；当钥匙离开车体时，车门自动上锁并进入防盗警戒状态，此时转向灯闪烁 1 次，喇叭响一短声，主门的有效检测距离不小于 1.5 m，其他车门钥匙在门边时有效（见图 4-39）。

图 4-39　汽车钥匙

2）汽车无钥匙进入系统的工作原理

通过在点火钥匙内装有芯片，每个芯片内都装有固定的 ID，只有钥匙芯片的 ID 与发动机的 ID 相匹配时，汽车才能启动。如果不一致，发动机将无法启动。当车主转动钥匙发动车辆时，基站发射低频信号开始认证过程。钥匙端应答器工作能量由基站低频信号提供，在认证过程中，置于钥匙中的应答器首先发送自身的 ID 号，通过基站芯片的验证，基站会发出一串随机数和 MAC 地址，同时应答器做出回应。为了提高安全性，每次发送的信号都是经过加密的数据。

3）无钥匙进入与启动功能检查

关闭电源，关好所有车门，将智能钥匙拿离车门 3～5 m 后，车门应全部锁止并进入防盗状态（防盗指示灯闪烁）；将智能钥匙靠近车门约 1.5 m，触摸车门把手，车门应能解锁并解除防盗。再将智能钥匙带入车内，踩下刹车踏板，按下启动按钮，发动机能正常启动。

二、中控门锁、防盗系统故障码及数据流的读取

（1）将点火开关置于 OFF 位置，然后将故障诊断仪连接到故障诊断座。

（2）将点火开关置于 ON 位置，并按下诊断仪电源键。

（3）选择要检测的车型，进入中控门锁系统。

（4）选择读取故障码，并记录故障码。

（5）清除故障码，再重新读取故障码。

（6）选择读取数据流，当按下各开关锁止和解锁按钮时，查看各开关数据流是否活动，再查询维修手册与标准参数进行对比，检查数据流是否正常。

（7）根据故障码或异常数据流，再查找维修手册，根据维修手册流程查找故障原因。

三、中控门锁总成的更换

（1）用内饰撬板撬下车窗玻璃开关盖板。

（2）断开车窗玻璃开关线束插头（见图 4-40）。

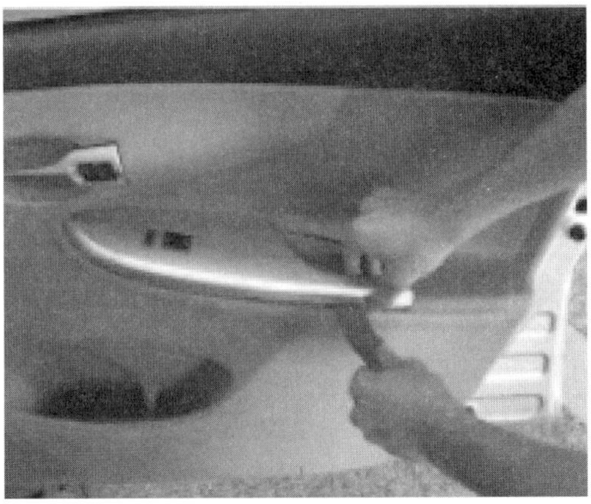

图 4-40　撬下车窗玻璃开关盖板

（3）拧下车门饰板的固定螺钉。

（4）用内饰撬板撬下车门内拉手固定螺钉的装饰盖板（见图 4-41）。

图 4-41　撬下装饰盖板

（5）拧下车门内拉手固定螺钉。

（6）用内饰撬板撬开车门饰板。

（7）取下车门饰板，并断开车内拉手拉索（见图 4-42）。

（8）拔下门锁总成线束连接器，断开门锁总成与各拉手的连接杆。

（9）选用合适工具拆下门锁总成 3 个固定螺栓，并取下门锁总成。

（10）更换新的门锁总成，并按拆卸相反的顺序安装门锁总成（见图 4-43）。

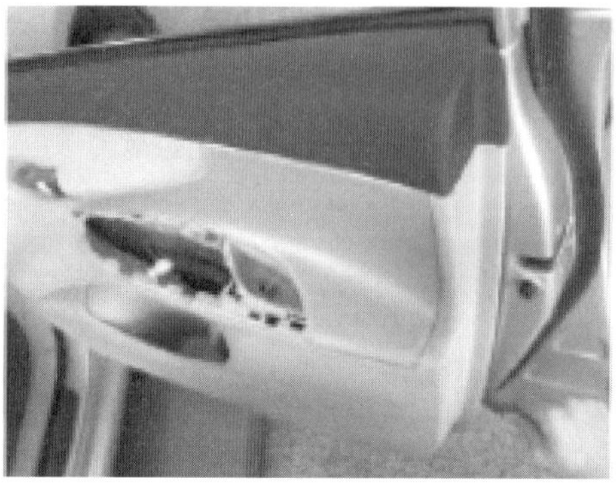

图 4-42　取下车门饰板

图 4-43　更换门锁总成

四、智能钥匙的检查与更换

1. 电池电量的检查

连续 3 次按下 lock 或 unlock 按钮，检查每次 LED 灯是否都点亮，如果 3 次都点亮，说明电量正常；否则说明电量过低，需要更换电池（见图 4-44）。

图 4-44　智能钥匙

2. 电池的更换

使用精确螺丝刀稍许用力撬开外壳，然后拆卸发射器电池；使正极侧朝上，将电池安装在发射器中，并盖好外壳（见图 4-45）。

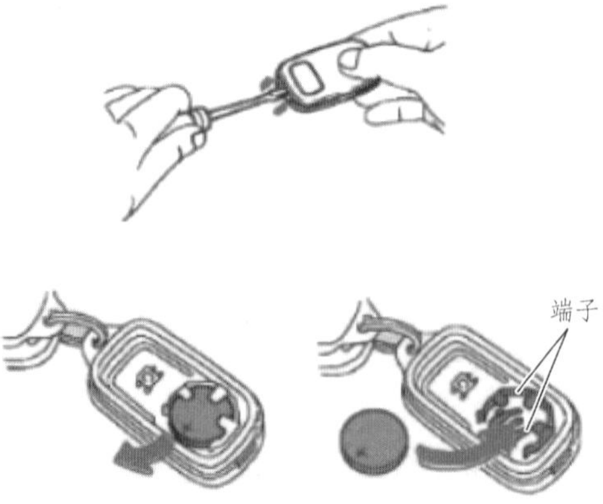

图 4-45　更换电池

五、车载行车记录仪的拆装及检查

行车记录仪是通过数字视频记录并循环更新车前或周围的路面情况，甚至连车内录音、汽车的加速度、转向和刹车等信息数据也会被记录下来，以备调查交通事故责任时使用，还能对行车驾驶员起到监督和提醒作用，有效提高行车安全。

1. 车载行车记录仪的功用

行车记录仪主要有自检功能及实时时间、日期及驾驶时间的采集、记录、存储功能，同时具备车辆行驶速度的测量、记录、存储、驾驶员身份记录、数据通信等功能。

2. 车载行车记录仪的分类

行车记录仪外观如图 4-46 所示，根据车型及功能可分为高清行车记录仪、迷你行车记录仪、夜视行车记录仪、广角行车记录仪、双镜头行车记录仪、多功能一体机、眼镜式多功能行车记录仪等。不同的行车记录仪产品有不同的外观，但其基本组成都有主机，包括微处理器、数据存储器、实时时钟、显示器、镜头模组、操作键、打印机、数据通信接门等装置。如果主机本体上不包含显示器、打印机，则应留有相应的数据显示和打印输出接口；车速传感器；数据分析软件；红外线摄像头，是夜视行车记录仪重要组件。

图 4-46　行车记录仪

3. 车载行车记录仪的拆装步骤

（1）先将电源断开。

（2）准备拆解工具：小刀、扁口螺丝刀。

（3）用小刀和扁口螺丝慢慢地从摄像头所在的接缝处撬开。

（4）撬开之后，拆下后盖可看到电池。

（5）为了方便安装，不要破坏原有的焊点，直接剪断连接电池的电线即可，同时也要注意，为了防止短路，不能同时剪断，要分别逐根地剪断。

（6）用新电池连接电路板，红线对红线，黑线对黑线，先拧在一起，再用焊锡焊接。

（7）在接好电线后，先开机测试，确认是否可以正常使用。

（8）在测试没有问题的情况下，将原部件安装好即可。

参考文献

[1] 周德新，谢平. 汽车维修基础[M]. 北京：人民交通出版社，2016.
[2] 杨玲玲，谭克诚. 汽车底盘构造与维修[M]. 北京：机械工业出版社，2018.
[3] 张振. 汽车电器设备结构与维修[M]. 北京：机械工业出版社，2020.
[4] 李民和，张书诚. 汽车底盘构造与维修[M]. 西安：西安交通大学出版社，2014.
[5] 王恒，宁纪成. 汽车安全与舒适系统故障诊断与维修[M]. 北京：中国三峡出版社，2013.
[6] 谭文孝. 汽车悬架、转向与制动系统维修[M]. 北京：北京理工大学出版社，2016.
[7] 徐昭，程章. 汽车电气设备构造与维修[M]. 哈尔滨：哈尔滨工业大学出版社，2017.
[8] 胡俊. 汽车行驶与转向系统维修[M]. 北京：国防工业出版社，2015.
[9] 陆耀迪. 汽车四轮定位基础教程[M]. 北京：机械工业出版社，2016.
[10] 武忠，李盛福，李文涛. 汽车行驶、转向与制动系统检修[M]. 北京：机械工业出版社，2019.
[11] 黄志坚. 车辆液压气动系统及维修[M]. 北京：化学工业出版社，2015.